STEPHEN BIESTY

IRRE, WIE DAS ALLES FUNKTIONIERT!

WUNDERWERKE DES ALLTAGS

Bilder von Stephen Biesty

Text von Richard Platt

Gerstenberg Verlag

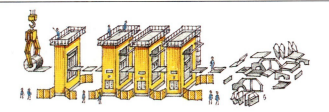

Die Deutsche Bibliothek – CIP-Einheitsaufnahme

Irre, wie das alles funktioniert! : Wunderwerke
des Alltags / Stephen Biesty. [Text von Richard Platt.
Aus dem Engl. von Elisabeth Erpf]. –
Hildesheim : Gerstenberg, 1997
Einheitssacht.: Stephen Biesty's incredible
everything <dt.>
ISBN 3-8067-4224-3

Ein Dorling-Kindersley-Buch
Originaltitel: Stephen Biesty's Incredible Everything
© 1997 Dorling Kindersley Ltd., London
Lektorat: John C. Miles, Sophie Mitchell
Layout und Gestaltung: Dorian Spencer Davies,
Miranda Kennedy, Karen Nettelfield
Herstellung: Charlotte Traill

98 99 00 01 02   5 4 3 2 1

Gesetzt nach den ab 1998 gültigen Rechtschreibregeln
Aus dem Englischen von Elisabeth Erpf, Gräfelfing
Deutsche Ausgabe © 1998 Gerstenberg Verlag, Hildesheim
Alle deutschsprachigen Rechte vorbehalten
Satz: Gerstenberg Druck GmbH, Hildesheim
Printed in Italy
ISBN 3-8067-4224-3

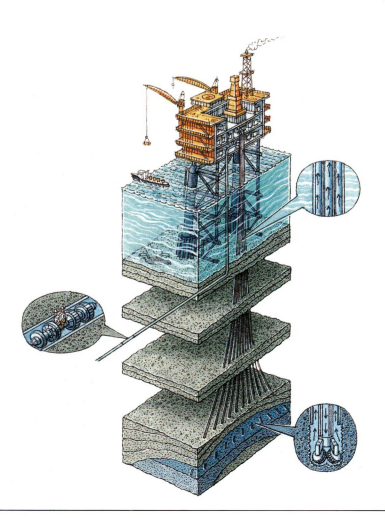

Inhalt

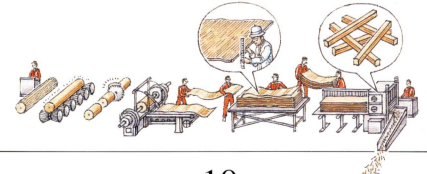

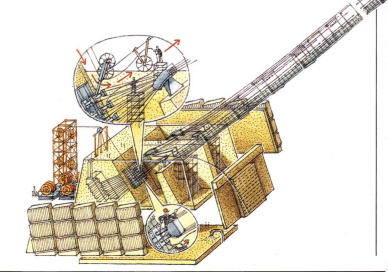

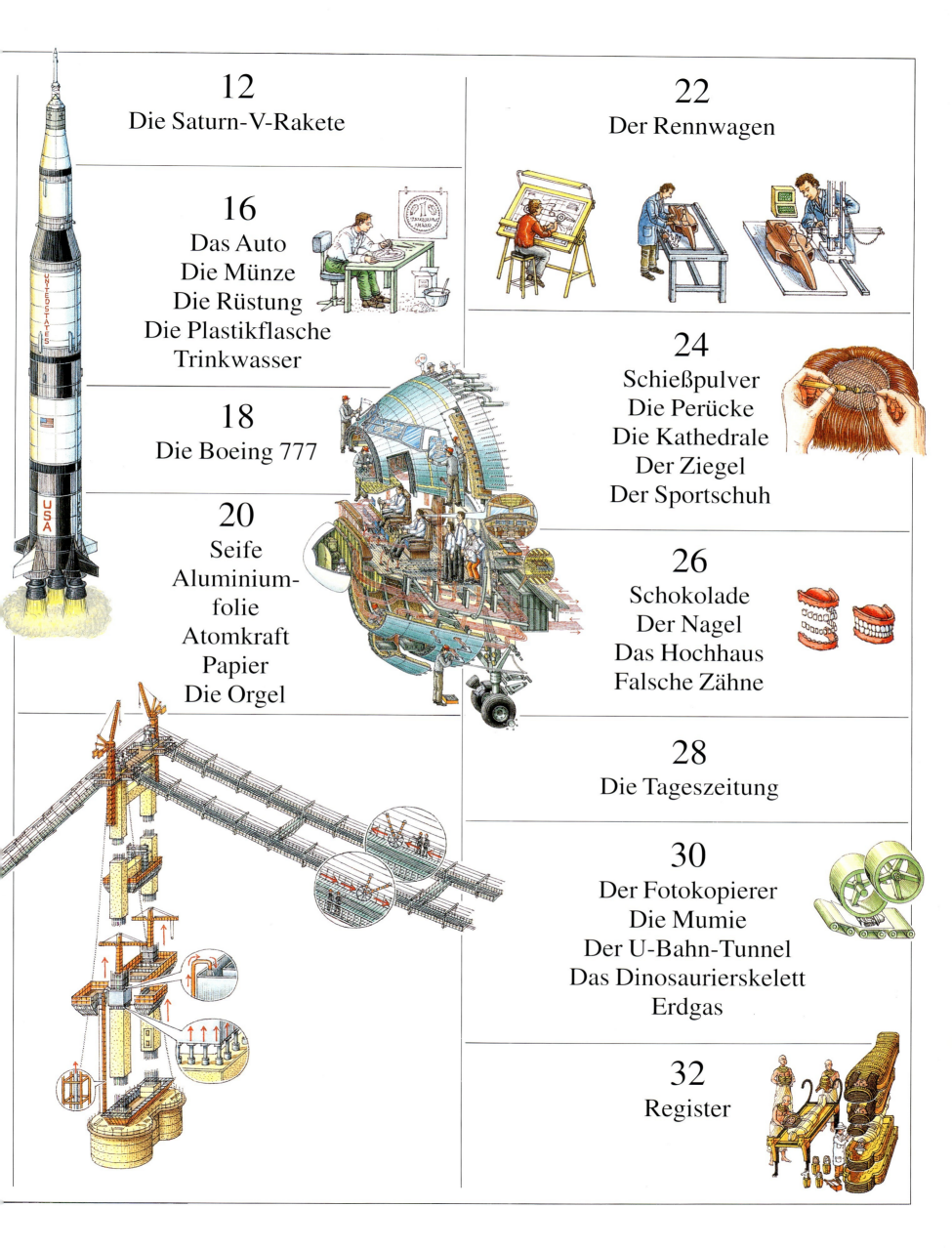

Unsere faszinierende Welt

"Hallo, ich bin Chester, der Tester. Stephen Biesty bat mich, mit ihm herauszufinden, wie alle möglichen Dinge produziert werden. Manche sind ganz alltäglich wie z.B. eine Zeitung oder eine Plastikflasche, andere ein technisches Wunder wie eine Rakete, mit der Menschen zum Mond fliegen. Das ist keine leichte Aufgabe – was meinst du, was es in einer Schokoladenfabrik alles zu prüfen gibt! Aber mein Assistent, Hektor, der Inspektor, hilft mir dabei. Du kannst uns auf jedem Bild bei der Arbeit sehen!"

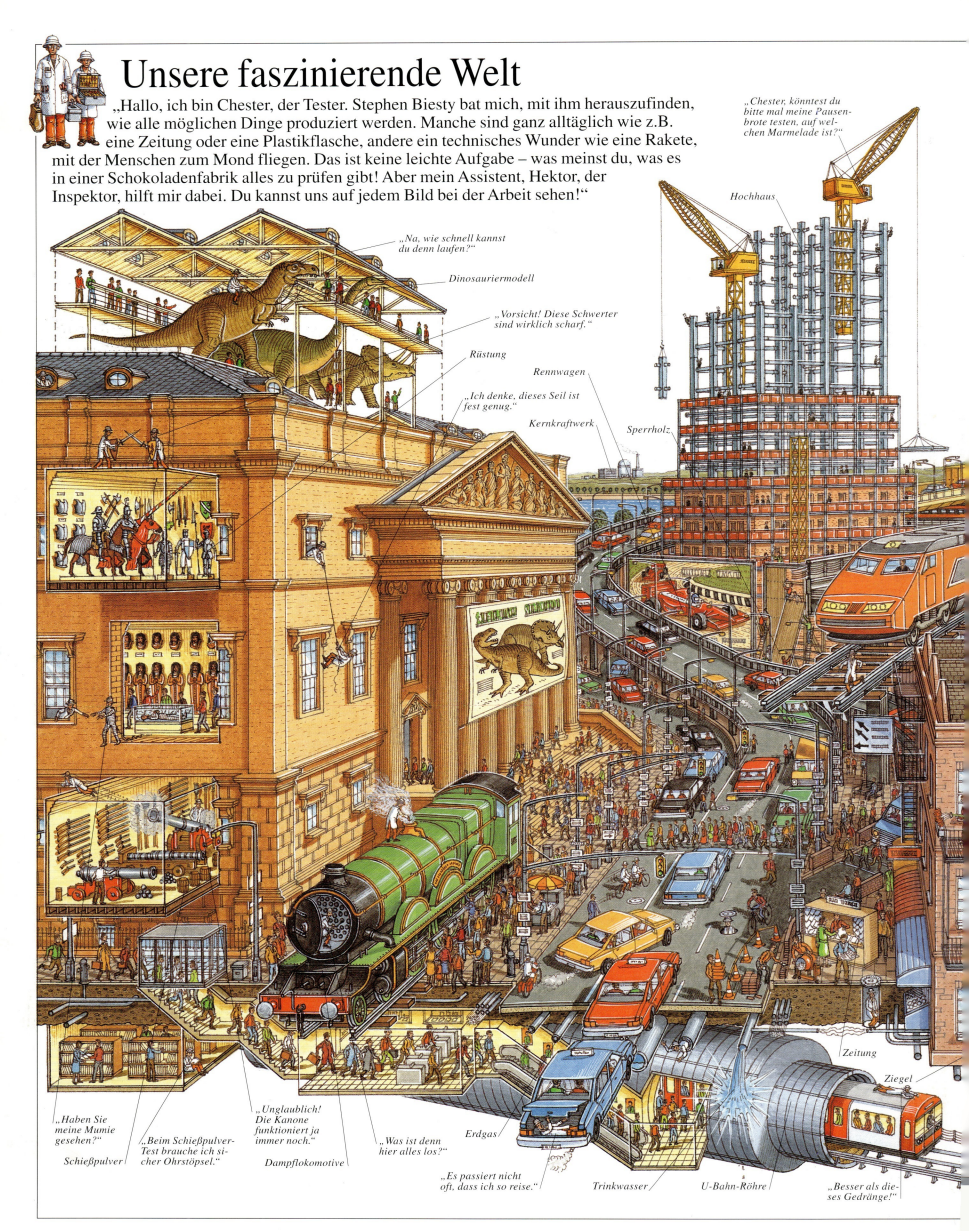

"Chester, könntest du bitte mal meine Pausenbrote testen, auf welchen Marmelade ist?"

Hochhaus

"Na, wie schnell kannst du denn laufen?"

Dinosauriermodell

"Vorsicht! Diese Schwerter sind wirklich scharf."

Rüstung

Rennwagen

"Ich denke, dieses Seil ist fest genug."

Kernkraftwerk

Sperrholz

Zeitung

Ziegel

"Haben Sie meine Mumie gesehen?"

Schießpulver

"Beim Schießpulver-Test brauche ich sicher Ohrstöpsel."

"Unglaublich! Die Kanone funktioniert ja immer noch."

Dampflokomotive

"Was ist denn hier alles los?"

Erdgas

"Es passiert nicht oft, dass ich so reise."

Trinkwasser

U-Bahn-Röhre

"Besser als dieses Gedränge!"

4

„Kontrollstation, wir haben Chester mit an Bord. Er hilft uns bei dem Test, ob es in der Mondatmosphäre außerirdisches Leben geben kann."

Saturn-V-Rakete

Brücke

„Stewardess, jemand hat von meinem Essen gekostet."
„Dann lassen Sie es sich schmecken, mein Herr! Chester hat es getestet und fand es ausgezeichnet."

Boeing 777

CD-Spieler

„Hoffentlich funktionieren diese Flügel auch wirklich. Achtung, fertig, loooos…"

Holzhaus

Seife

Orgel

„Bei einer elektrischen Orgel bräuchte ich nicht sämtliche Orgelpfeifen zu prüfen."

Falsche Zähne

„Extra klebrige Karamellbonbons für den Gebiss-Test!"

Kathedrale

„Heute fliegt der Drachen prima!"

Aluminiumfolie

„Glühbirnen wechseln!"

„Pfrtpfffft! Puh, ich werde nie wieder Bohnen essen."

Sportschuh

Fotokopie

„Hier ist wohl eine Schraube locker."

„Hier, Stephen, die Pläne für deine nächste Zeichnung."

Nagel

Papier

Doughnut

Münze

Perücke

Diamantring

Plastikflasche

Schokoriegel

„Qualitätskontrolle in allerletzter Minute. Der letzte Doughnut war köstlich, aber ich sollte doch noch einen probieren."

„Reisen in der Röhre? – Das ist aber albern!"

Streichhölzer

Milch

„Nein, nein, das Batteriekabel gehört hierhin und dieser Draht passt an die Hupe … oder war es umgekehrt?"

Auto

Milch

Kühe werden zweimal täglich gemolken – früher mit der Hand, heute vor allem von Melkmaschinen, aber auch schon von speziellen Robotern.

Die Kuh frisst Gras oder Silage...

... und trinkt 60 l Wasser am Tag.

Auch ein Grund für die globale Erwärmung: Blähungen.

„Muh. Muuuhhh! MUUUHHH! Pfrtpffft! Muh! MUUUUH! Pfrtpffft! MUUUHH!"

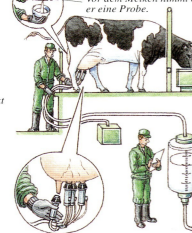

Vor dem Melken nimmt der Bauer eine Probe.

Der Bauer und der Fahrer notieren die gesammelte Milchmenge.

Die frische Milch kommt in einen Tank.

Gekühlter Lagertank

Pumpe

Riechprobe

1. Futter lockt die Kuh in den Melkstand, wo der Melker erst einmal das Euter säubert.

2. Saugbewegungen wie von einem Kalb halten die Saugköpfe am Euter fest und regen den Milchfluss an.

3. Die gesamte Milch wird in einen Kühlbehälter gepumpt und gerührt, damit sich die Sahne nicht absetzt.

4. Jeden Tag sammelt ein Tanker die Milch ein. Bevor der Fahrer die Milch tankt, prüft er ihren Geruch.

5. Eine Brückenwaage in der Molkerei wiegt den Tanker und misst so die Menge der geladenen Milch.

Der Tanker kommt voll beladen an ...

... und fährt leer wieder ab.

Abpumpen in den Großtank der Molkerei

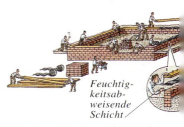

Sperrholz

Sperrholz erhält seine enorme Festigkeit und Unempfindlichkeit gegen Wasser durch dünne aufeinander geleimte Furniere. Früher bestand der Klebstoff aus Blut oder Knochen-, Horn- und Hufmehl von Tieren, heute ist er synthetisch.

3. Das Furnierholz wird zum Trocknen durch einen Wärmetunnel gefahren und dann zu Bogen geschnitten.

4. Die besseren Furniere sortiert man für die Vorderseite, schlechtere für die Rückseite aus. Der Rest wird als Sperrholzkern verwendet.

Lange Baumstämme werden entrindet und kürzer gesägt.

Säge

Ein Arbeiter lädt den Stamm in die Schälmaschine.

Heißes Wasser weicht die Stämme auf.

Abschälen des Furniers

Sortieren der Furnierbogen

Aufstapeln der Furniere

Spindel

Heiztunnel

Ein Arbeiter schneidet Astlöcher und Fehlerstellen aus.

Ausgeschnittene Fehlerstellen werden mit Furnierplättchen gefüllt.

1. Vor der Verarbeitung werden die Stämme entrindet, gewässert und schließlich in gleich lange Stücke zersägt.

2. Auf einer Drehbank schält eine feste Schneide das Furnier vom Stamm, das auf einer Spindel aufgerollt wird.

5. Die Arbeiter entfernen fehlerhafte Stellen und Astlöcher. Auf Stoß geklebte Bogen ergeben gleich große Platten.

6. Das Furnier für den Sperrholzkern wird beidseitig mit Klebstoff bestrichen und zwischen unverklebte Bogen gelegt.

Hydraulische Rammen

Hitzeerzeugung durch Dampf

Moderne Klebstoffe sind fester als das Holz selbst.

„Zwei Sperrholz-Sandwiches, bitte!"

Vorderseite

Unverklebte Bogen

Verklebte Bogen

Rückseite

Die fertigen Platten werden aufeinandergestapelt.

7. Im letzten Arbeitsgang werden die Furniere zusammengefügt. Eine riesige Presse erhitzt und presst die Furnierlagen zu „Sandwiches".

Holz ist quer zur Maserung sehr stabil und splittert nicht so leicht. Deshalb leimt man die Sperrholzlagen kreuzweise aufeinander.

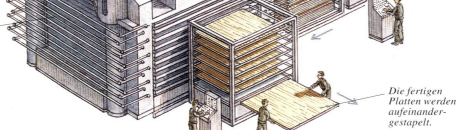

Das Holzhaus

Seit etwa 1835 baut man Häuser häufig mit einem leichten Balkenwerk aus dünnem Bauholz an Stelle dicker Balken wie in älteren Häusern.

Feuchtigkeitsabweisende Schicht

1. Ein festes Fundament für das Haus entsteht, indem man Gräben aushebt und mit Beton auffüllt. Eine feuchtigkeitsabweisende Schicht schützt die Wände vor Nässe.

Bei diesem Haus wurde das Balkenwerk mit Holz verkleidet. Es gibt auch Wandverkleidungen aus Ziegeln oder Schiefer.

Diese – in den USA einst modernen – dünnen Holzstützen am Giebel führten zu dem Spitznamen „Stäbchenhaus".

Im vorigen Jahrhundert waren solche Häuser vor allem in den Vororten sehr beliebt.

Diese Giebelwerke werden in der Werkstatt gebaut.

6. Ein Techniker testet die Milch, bevor sie aus dem Tanker in den Großtank gepumpt wird.

7. Die Sahne wird von der Milch abgeschieden und zur Herstellung von Butter und Käse verwendet – oder sie kommt gleich auf den Apfelkuchen!

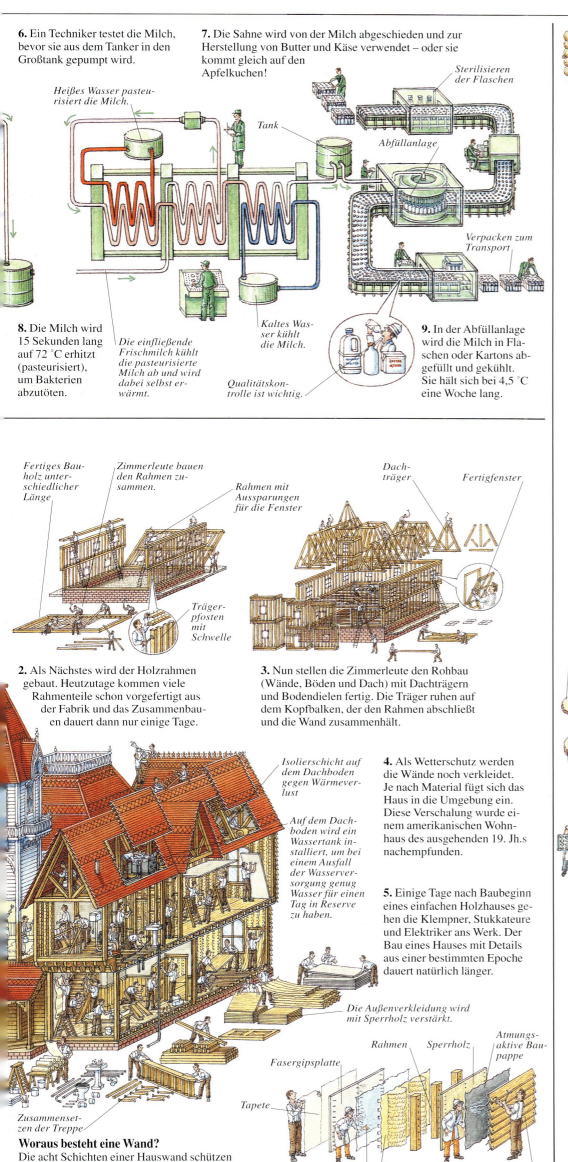

Heißes Wasser pasteurisiert die Milch.

Tank

Sterilisieren der Flaschen

Abfüllanlage

Verpacken zum Transport

8. Die Milch wird 15 Sekunden lang auf 72 °C erhitzt (pasteurisiert), um Bakterien abzutöten.

Die einfließende Frischmilch kühlt die pasteurisierte Milch ab und wird dabei selbst erwärmt.

Kaltes Wasser kühlt die Milch.

Qualitätskontrolle ist wichtig.

9. In der Abfüllanlage wird die Milch in Flaschen oder Kartons abgefüllt und gekühlt. Sie hält sich bei 4,5 °C eine Woche lang.

Fertiges Bauholz unterschiedlicher Länge

Zimmerleute bauen den Rahmen zusammen.

Rahmen mit Aussparungen für die Fenster

Dachträger

Fertigfenster

Trägerpfosten mit Schwelle

2. Als Nächstes wird der Holzrahmen gebaut. Heutzutage kommen viele Rahmenteile schon vorgefertigt aus der Fabrik und das Zusammenbauen dauert dann nur einige Tage.

3. Nun stellen die Zimmerleute den Rohbau (Wände, Böden und Dach) mit Dachträgern und Bodendielen fertig. Die Träger ruhen auf dem Kopfbalken, der den Rahmen abschließt und die Wand zusammenhält.

Isolierschicht auf dem Dachboden gegen Wärmeverlust

Auf dem Dachboden wird ein Wassertank installiert, um bei einem Ausfall der Wasserversorgung genug Wasser für einen Tag in Reserve zu haben.

4. Als Wetterschutz werden die Wände noch verkleidet. Je nach Material fügt sich das Haus in die Umgebung ein. Diese Verschalung wurde einem amerikanischen Wohnhaus des ausgehenden 19. Jh.s nachempfunden.

5. Einige Tage nach Baubeginn eines einfachen Holzhauses gehen die Klempner, Stukkateure und Elektriker ans Werk. Der Bau eines Hauses mit Details aus einer bestimmten Epoche dauert natürlich länger.

Die Außenverkleidung wird mit Sperrholz verstärkt.

Zusammensetzen der Treppe

Woraus besteht eine Wand?
Die acht Schichten einer Hauswand schützen vor Hitze, Kälte und Feuchtigkeit.

Fasergipsplatte
Rahmen
Sperrholz
Atmungsaktive Baupappe
Tapete
Feuchtigkeitssperre
Isolierung
Holzverkleidung

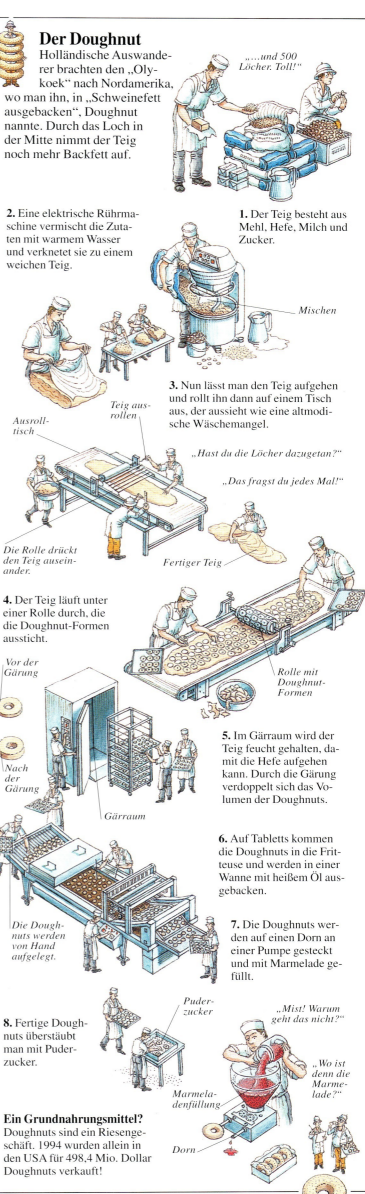

Der Doughnut
Holländische Auswanderer brachten den „Olykoek" nach Nordamerika, wo man ihn, in „Schweinefett ausgebacken", Doughnut nannte. Durch das Loch in der Mitte nimmt der Teig noch mehr Backfett auf.

„...und 500 Löcher. Toll!"

1. Der Teig besteht aus Mehl, Hefe, Milch und Zucker.

2. Eine elektrische Rührmaschine vermischt die Zutaten mit warmem Wasser und verknetet sie zu einem weichen Teig.

Mischen

3. Nun lässt man den Teig aufgehen und rollt ihn dann auf einem Tisch aus, der aussieht wie eine altmodische Wäschemangel.

Ausrolltisch

Teig ausrollen

„Hast du die Löcher dazugetan?"

„Das fragst du jedes Mal!"

Die Rolle drückt den Teig auseinander.

Fertiger Teig

4. Der Teig läuft unter einer Rolle durch, die die Doughnut-Formen aussticht.

Vor der Gärung

Nach der Gärung

Rolle mit Doughnut-Formen

5. Im Gärraum wird der Teig feucht gehalten, damit die Hefe aufgehen kann. Durch die Gärung verdoppelt sich das Volumen der Doughnuts.

Gärraum

6. Auf Tabletts kommen die Doughnuts in die Fritteuse und werden in einer Wanne mit heißem Öl ausgebacken.

Die Doughnuts werden von Hand aufgelegt.

7. Die Doughnuts werden auf einen Dorn an einer Pumpe gesteckt und mit Marmelade gefüllt.

8. Fertige Doughnuts überstäubt man mit Puderzucker.

Puderzucker

„Mist! Warum geht das nicht?"

„Wo ist denn die Marmelade?"

Marmeladenfüllung

Dorn

Ein Grundnahrungsmittel?
Doughnuts sind ein Riesengeschäft. 1994 wurden allein in den USA für 498,4 Mio. Dollar Doughnuts verkauft!

Die Compact Disc

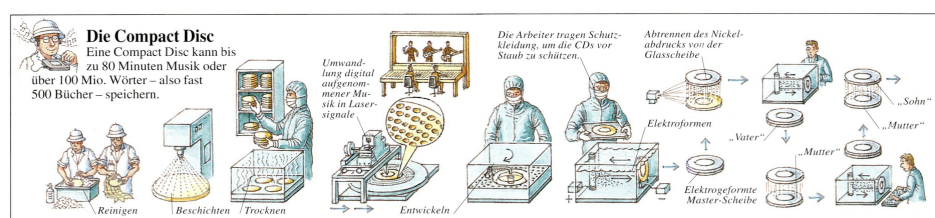

Eine Compact Disc kann bis zu 80 Minuten Musik oder über 100 Mio. Wörter – also fast 500 Bücher – speichern.

Reinigen *Beschichten* *Trocknen* *Entwickeln*

Umwandlung digital aufgenommener Musik in Lasersignale

Die Arbeiter tragen Schutzkleidung, um die CDs vor Staub zu schützen.

Elektroformen

Elektrogeformte Master-Scheibe

Abtrennen des Nickelabdrucks von der Glasscheibe

„Vater" *„Mutter"* *„Mutter"* *„Sohn"*

1. Vor dem Laserbrennen wird die Oberfläche der gereinigten Glasscheiben mit einer Speziallösung beschichtet und getrocknet.

2. Digital (= An-Aus-Signale) aufgenommene Musik steuert den Laser, der winzige Punkte auf die Oberfläche der Scheibe brennt.

3. Eine Entwicklerflüssigkeit ätzt die Brennpunkte zu Löchern. Dann wird beim Elektroformen die Master-Scheibe mit Nickel überzogen.

4. Der negative Nickelabdruck („Vater") dient nun zur Herstellung mehrerer positiver „Mutterplatten".

Die Dampflokomotive

Früher wurden alle Züge von Dampfloks gezogen. Das Feuer in der Feuerbüchse erhitzte Wasser im Kessel. Der Druck des entstehenden Wasserdampfs bewegte die Kolben in den Zylindern, die Pleuelstange und die damit verbundenen Räder. Manche altgedienten Dampfloks legten in ihrem Arbeitsleben insgesamt eine Strecke zurück, die der sechsfachen Entfernung bis zum Mond entspricht. Gebaut wurden die Loks in einem Guss: Das Rohmaterial kam zum einen Fabriktor herein und die fertige Lokomotive dampfte zum anderen Tor hinaus.

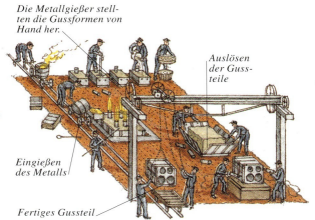

Die Metallgießer stellten die Gussformen von Hand her.

Auslösen der Gussteile

Eingießen des Metalls

Fertiges Gussteil

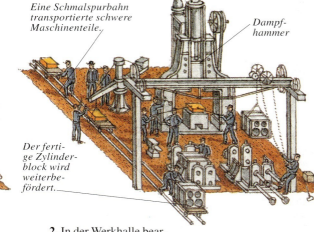

Eine Schmalspurbahn transportierte schwere Maschinenteile.

Dampfhammer

Der fertige Zylinderblock wird weiterbefördert.

1. Zunächst wurden die Zylinderblocks gegossen. Arbeiter schichteten Sand um Holzmodelle und stellten so Halbformen her, die sie nach Entfernen der Modelle zusammenfügten. Dann goss man heißes Eisen hinein und erhielt so die Form.

2. In der Werkhalle bearbeiteten Schmiede die Gussteile und schlugen andere Teile mit einem riesigen Dampfhammer in Form. Das Hämmern des Dampfhammers war überall zu hören.

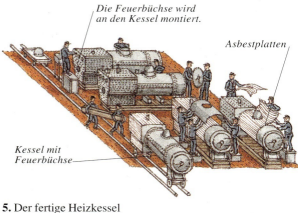

Die Feuerbüchse wird an den Kessel montiert.

Asbestplatten

Kessel mit Feuerbüchse

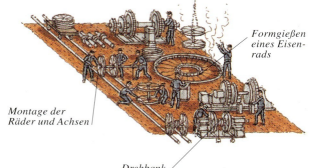

Formgießen eines Eisenrads

Montage der Räder und Achsen

Drehbank

Aufbauen der Rahmen

Rahmen auf Ständern

Drehbänke mit zentralem Riemenantrieb

5. Der fertige Heizkessel wurde an die Feuerbüchse angebaut, in der dann das Kohlenfeuer zur Dampferzeugung brannte. Um die Hitze zu halten, isolierte man den Kessel mit Asbest (Mineralfaser).

6. Die Räder einer Dampflok waren aus Gusseisen, das mit einem Stahlring um das Rad verstärkt wurde. So wurde die Belastbarkeit erhöht. Die Feinbearbeitung der Räder verrichteten 13-jährige Jungen an einer riesigen Drehmaschine.

7. In der Montagehalle bauten Arbeiter die Rahmen zusammen, die bis zur Fertigstellung der Räder auf Kegelständern ruhten. An Drehbänken wurden Präzisionsteile bearbeitet.

Streichhölzer

Im Jahre 1827 erfand der englische Chemiker John Walker die ersten Streichhölzer. Davor musste man einen Feuerstein anschlagen und damit Zunder in einer Zunderbüchse entzünden.

Stücke sägen

Furnier abschälen

Furnierbogen

Vergrößerte Splitter

Tauchbad

Trocknen

1. Die Baumstämme werden zersägt und in der Schälmaschine zu dünnen Bogen (Furnier) abgeschält.

2. Ein riesiges Messer schneidet das Furnier zu Splittern – pro Stunde etwa 2 Mio. Stück.

3. Die Splitter werden sortiert und in eine zündverzögernde Flüssigkeit eingetaucht, um ein Nachschwelen zu verhindern.

4. Nun werden die Splitter getrocknet, in einer Trommel geschliffen und durch Rohre zur Streichholzmaschine befördert.

5. Die Streichholzmaschine ist so groß wie zwei Doppeldecker-Busse. Auf einem Endlosband werden die Hölzer an einem Ende gefasst und durch die ganze Maschine befördert.

6. Damit die Streichhölzer nach dem Zünden brennen, laufen sie auf dem Förderband durch ein Paraffinbad (Wachs), in das nur die Spitzen eingetaucht werden.

Fertige Splitter

Auf dem Förderband in Reih und Glied

Über ein Gebläse kommen die Splitter in die Streichholzmaschine.

Chemisches Tauchbad für den Streichholzkopf

Die Wachsschicht reicht über den Kopf hinaus.

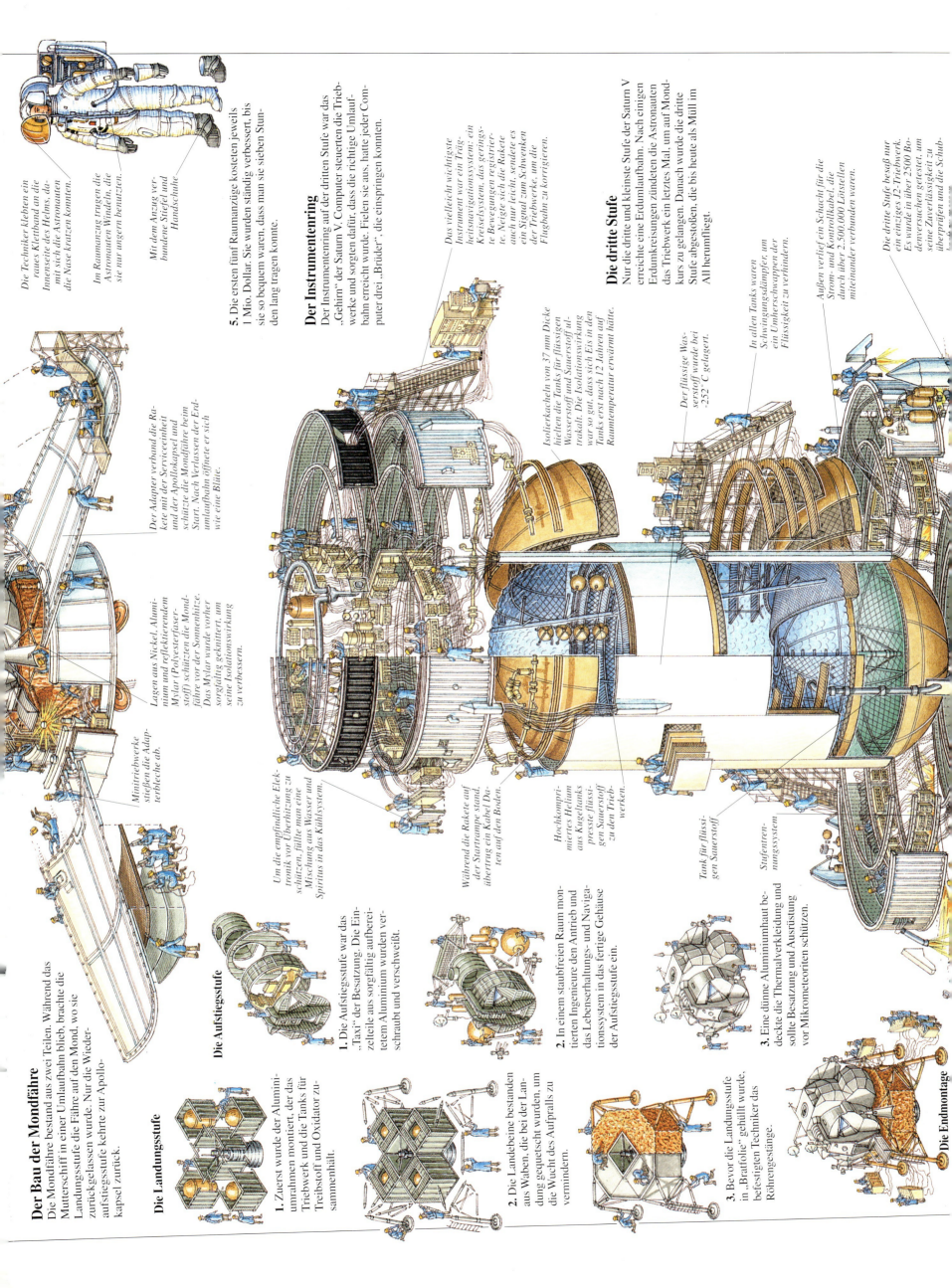

Der Bau der Mondfähre
Die Mondfähre bestand aus zwei Teilen. Während das Mutterschiff in einer Umlaufbahn blieb, brachte die Landungsstufe die Fähre auf den Mond, wo sie zurückgelassen wurde. Nur die Wiederaufstiegsstufe kehrte zur Apollokapsel zurück.

Die Landungsstufe

1. Zuerst wurde der Aluminiumrahmen montiert, der das Triebwerk und die Tanks für Treibstoff und Oxidator zusammenhält.

2. Die Landebeine bestanden aus Waben, die bei der Landung gequetscht wurden, um die Wucht des Aufpralls zu vermindern.

3. Bevor die Landungsstufe in „Bratfolie" gehüllt wurde, befestigten Techniker das Röhrengestänge.

Die Aufstiegsstufe

1. Die Aufstiegsstufe war das „Taxi" der Besatzung. Die Einzelteile aus aufbereitetem Aluminium wurden verschraubt und verschweißt.

2. In einem staubfreien Raum montierten Ingenieure den Antrieb und das Lebenserhaltungs- und Navigationssystem in das fertige Gehäuse der Aufstiegsstufe ein.

3. Eine dünne Aluminiumhaut bedeckte die Thermalverkleidung und sollte Besatzung und Ausrüstung vor Mikrometeoriten schützen.

Die Endmontage

Minitriebwerke stießen die Adapterbleche ab.

Lagen aus Nickel, Aluminium und reflektierendem Mylar (Polyesterfaserstoff) schützten die Mondfähre vor der Sonnenhitze. Das Mylar wurde vorher sorgfältig geknittert, um seine Isolationswirkung zu verbessern.

Der Adapter verband die Rakete mit der Serviceeinheit und der Apollokapsel und schützte die Mondfähre beim Start. Nach Verlassen der Erdumlaufbahn öffnete er sich wie eine Blüte.

Um die empfindliche Elektronik vor Überhitzung zu schützen, füllte man eine Mischung aus Wasser und Spiritus in das Kühlsystem.

Während die Rakete auf der Startrampe stand, übertrug ein Kabel Daten auf den Boden.

Hochkomprimiertes Helium aus Kugeltanks presste flüssigen Sauerstoff zu den Triebwerken.

Tank für flüssigen Sauerstoff

Stufentrennungssystem

Die Techniker klebten ein raues Klettband an die Innenseite des Helms, damit sich die Astronauten die Nase kratzen konnten.

Im Raumanzug trugen die Astronauten Windeln, die sie nur ungern benutzten.

Mit dem Anzug verbundene Stiefel und Handschuhe.

5. Die ersten fünf Raumanzüge kosteten jeweils 1 Mio. Dollar. Sie wurden ständig verbessert, bis sie so bequem waren, dass man sie sieben Stunden lang tragen konnte.

Der Instrumentenring
Der Instrumentenring auf der dritten Stufe war das „Gehirn" der Saturn V. Computer steuerten die Triebwerke und sorgten dafür, dass die richtige Umlaufbahn erreicht wurde. Fielen sie aus, hatte jeder Computer drei „Brüder", die einspringen konnten.

Das vielleicht wichtigste Instrument war ein Trägheitsnavigationssystem: ein Kreiselsystem, das geringste Bewegungen registrierte. Neigte sich die Rakete auch nur leicht, sendete es ein Signal zum Schwenken der Triebwerke, um die Flugbahn zu korrigieren.

Die dritte Stufe
Nur die dritte und kleinste Stufe der Saturn V erreichte eine Erdumlaufbahn. Nach einigen Erdumkreisungen zündeten die Astronauten das Triebwerk ein letztes Mal, um auf Mondkurs zu gelangen. Danach wurde die dritte Stufe abgestoßen, die bis heute als Müll im All herumfliegt.

Außen verlief ein Schacht für die Strom- und Kontrollkabel, die durch über 2.500.000 Lötstellen miteinander verbunden waren.

Die dritte Stufe besaß nur ein einziges J2-Triebwerk. Es wurde in über 2500 Bodenversuchen getestet, um seine Zuverlässigkeit zu überprüfen und die Schub...

Isolierkacheln von 37 mm Dicke hielten die Tanks für flüssigen Wasserstoff und Sauerstoff ultrakalt. Die Isolationswirkung war so gut, dass sich Eis in den Tanks erst nach 12 Jahren auf Raumtemperatur erwärmt hätte.

In allen Tanks waren Schwingungsdämpfer, um ein Umherschwappen der Flüssigkeit zu verhindern.

Der flüssige Wasserstoff wurde bei -252° C gelagert.

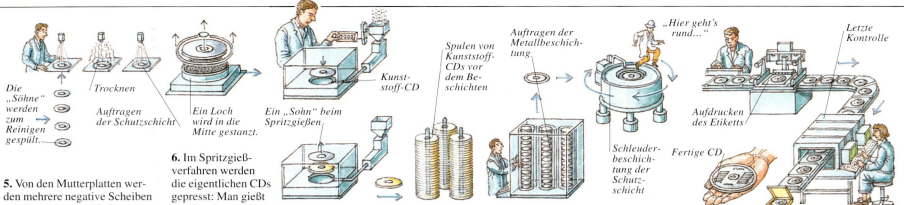

Die "Söhne" werden zum Reinigen gespült.

Trocknen

Auftragen der Schutzschicht

Ein Loch wird in die Mitte gestanzt.

Ein "Sohn" beim Spritzgießen

Kunst-stoff-CD

Spulen von Kunststoff-CDs vor dem Beschichten

Auftragen der Metallbeschichtung

"Hier geht's rund..."

Letzte Kontrolle

Aufdrucken des Etiketts

Schleuderbeschichtung der Schutzschicht

Fertige CD

5. Von den Mutterplatten werden mehrere negative Scheiben ("Söhne") hergestellt. In einem weiteren Arbeitsschritt werden in deren Mitte Löcher gestanzt und die Ränder gesäubert.

6. Im Spritzgießverfahren werden die eigentlichen CDs gepresst: Man gießt geschmolzenen Kunststoff in eine runde Form und kopiert das Löchermuster des "Sohnes".

7. Zum Abspielen braucht die CD eine reflektierende Metallschicht und eine transparente Schutzschicht, damit sie nicht beschädigt wird.

8. Die CD wird auf der Rückseite mit einem Etikett bedruckt, noch einmal kontrolliert und in Plastikschachteln verpackt.

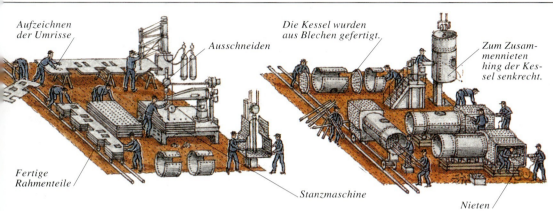

Aufzeichnen der Umrisse

Ausschneiden

Die Kessel wurden aus Blechen gefertigt.

Zum Zusammennieten hing der Kessel senkrecht.

Fertige Rahmenteile

Stanzmaschine

Nieten

3. Die Rahmen der Lok wurden als Umrisse mit Kreide auf dicke Metallplatten aufgemalt und ausgeschnitten. Dann bohrte man die Löcher für die Nieten, die die Lokomotive zusammenhielten.

4. Für den Kessel wurden Bleche ausgeschnitten, vorgebohrt und mit Nieten zusammengefügt. Der Lärm beim Flachhämmern der heißen Nietköpfe ließ manchen Kesselbauer taub werden.

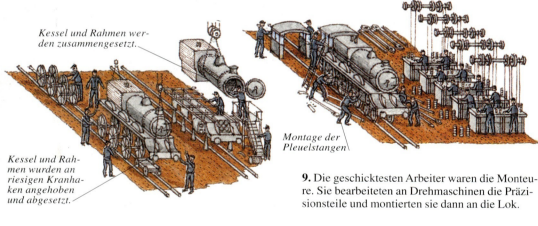

Kessel und Rahmen werden zusammengesetzt.

Kessel und Rahmen wurden an riesigen Kranhaken angehoben und abgesetzt.

Montage der Pleuelstangen

9. Die geschicktesten Arbeiter waren die Monteure. Sie bearbeiteten an Drehmaschinen die Präzisionsteile und montierten sie dann an die Lok.

8. Nun wurde der Kessel mit der Feuerbüchse an den Rahmen montiert. Ein riesiger Kran hob den fertigen Rahmen hoch und senkte ihn auf die Räder hinab.

Arbeiter lackierten die Lok mit der Hand.

10. Schließlich wurde die Dampflok vor der ersten Testfahrt noch lackiert. Um 1895 gab es riesige Fabrikanlagen für Lokomotiven, die Arbeitsplätze für ganze Städte boten.

7. Die chemische Substanz für den Streichholzkopf entzündet sich bei Sicherheitshölzern erst dann, wenn sie an der Reibfläche der Schachtel gerieben wird.

8. Die fertigen Hüllen der Streichholzschachteln kommen den gefüllten Laden auf dem Förderband entgegen.

9. Die Streichhölzer fallen vom Band in die Lade und die beiden Schachtelteile werden maschinell ineinander geschoben. Nun folgen Qualitätskontrolle, Verpackung und Versand.

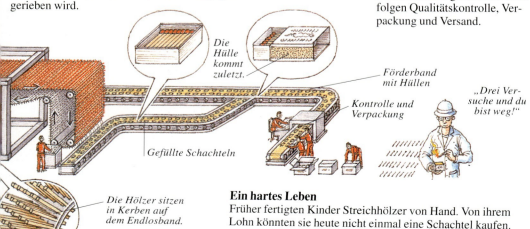

Die Hülle kommt zuletzt.

Förderband mit Hüllen

Kontrolle und Verpackung

"Drei Versuche und du bist weg!"

Gefüllte Schachteln

Die Hölzer sitzen in Kerben auf dem Endlosband.

Ein hartes Leben
Früher fertigten Kinder Streichhölzer von Hand. Von ihrem Lohn könnten sie heute nicht einmal eine Schachtel kaufen.

Der Diamantring

Auf der Suche nach einem Diamanten in der Größe, um daraus einen Einkaräter (0,2 g) zu schneiden, müsste man eine Masse Gestein umwälzen, die einem mittleren Mietshaus entspricht. Diamanten sind seltene Edelsteine, deren Wert aber von der Werbung übertrieben wird, denn nur große, perfekte Steine sind wirklich wertvoll.

Rohdiamanten sind viel größer als bearbeitete Steine.

Gespaltener Stein

1. Rohdiamanten sehen langweilig aus – weit entfernt vom bearbeiteten Stein.

2. Unreinheiten werden entlang der natürlichen Form des Steins abgeschliffen.

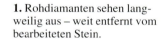

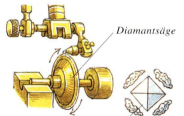

Diamantsäge

3. Der Diamant ist der härteste Edelstein, deshalb ist die Säge mit Diamantensplittern besetzt.

Mit der Säge wird die Rohform geschnitten.

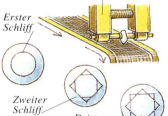

Schleifmaschine

Erster Schliff

Zweiter Schliff

Dritter Schliff

Vierter Schliff

Fünfter Schliff

Sechster Schliff

Die Facetten reflektieren das Licht im Inneren des Steins.

4. Die Facetten werden eine nach der anderen geschliffen. Sie lassen den Diamanten glitzern.

5. Die 58 Facetten eines Brillanten entstehen durch wiederholtes Schleifen und Polieren.

Goldstreifen

Ringeisen

6. Ein Ring entsteht durch Schmieden und Verlöten eines Golddrahtes.

7. Leichtes Hämmern auf einem Ringeisen (runder Amboss) gibt dem Ring seine Form.

8. Durch Feilen und Dehnen wird der Ring der Fingergröße angepasst.

9. Der Juwelier schneidet die Fassung aus und biegt die Krappen als Halterung um den Stein.

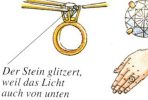

Die umgebördelten Krappen halten den Stein.

Fertige Fassung

Der Stein glitzert, weil das Licht auch von unten einfallen kann.

Fertiger Ring

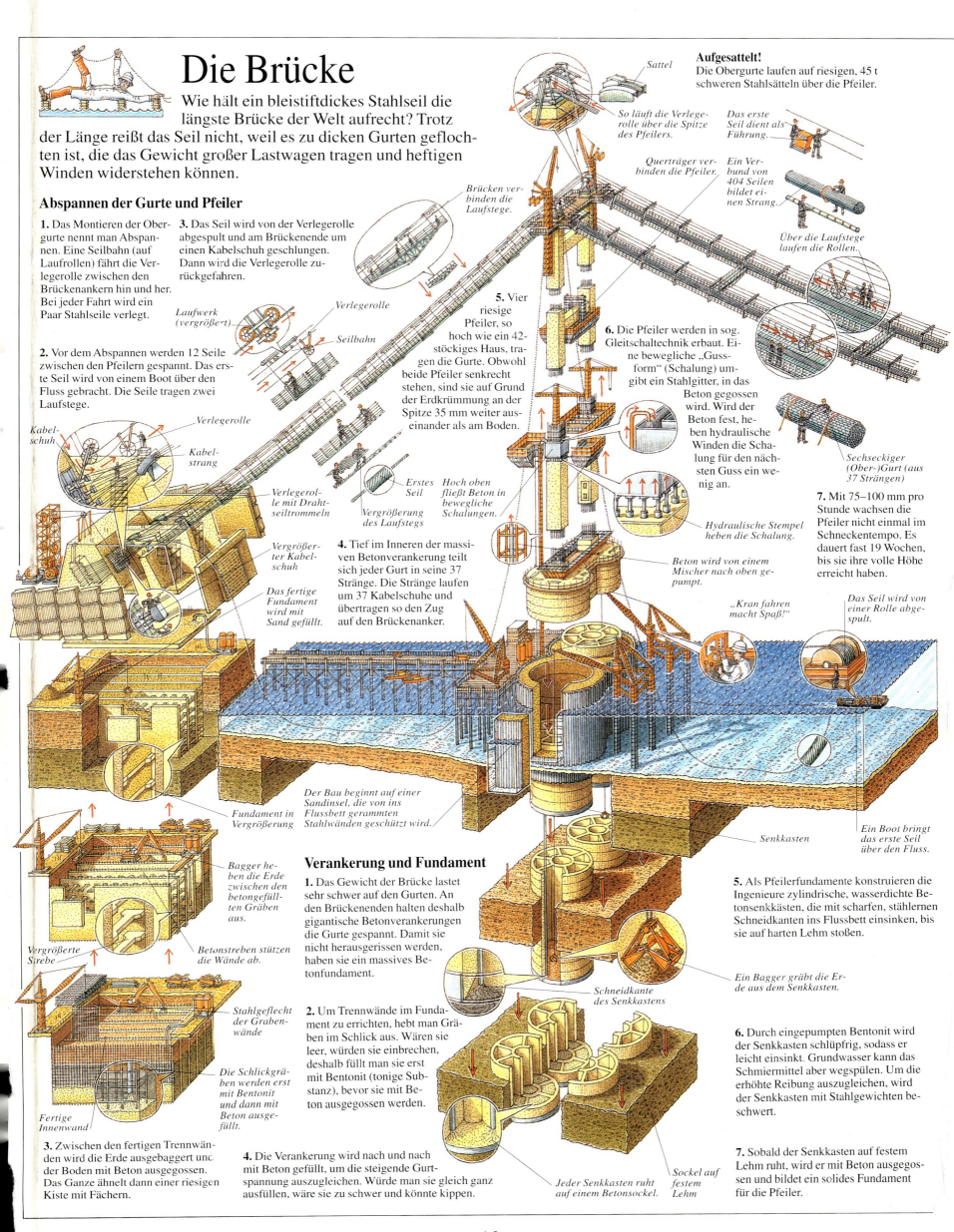

Die Brücke

Wie hält ein bleistiftdickes Stahlseil die längste Brücke der Welt aufrecht? Trotz der Länge reißt das Seil nicht, weil es zu dicken Gurten geflochten ist, die das Gewicht großer Lastwagen tragen und heftigen Winden widerstehen können.

Abspannen der Gurte und Pfeiler

1. Das Montieren der Obergurte nennt man Abspannen. Eine Seilbahn (auf Laufrollen) fährt die Verlegerolle zwischen den Brückenankern hin und her. Bei jeder Fahrt wird ein Paar Stahlseile verlegt.

2. Vor dem Abspannen werden 12 Seile zwischen den Pfeilern gespannt. Das erste Seil wird von einem Boot über den Fluss gebracht. Die Seile tragen zwei Laufstege.

3. Das Seil wird von der Verlegerolle abgespult und am Brückenende um einen Kabelschuh geschlungen. Dann wird die Verlegerolle zurückgefahren.

4. Tief im Inneren der massiven Betonverankerung teilt sich jeder Gurt in seine 37 Stränge. Die Stränge laufen um 37 Kabelschuhe und übertragen so den Zug auf den Brückenanker.

5. Vier riesige Pfeiler, so hoch wie ein 42-stöckiges Haus, tragen die Gurte. Obwohl beide Pfeiler senkrecht stehen, sind sie auf Grund der Erdkrümmung an der Spitze 35 mm weiter auseinander als am Boden.

6. Die Pfeiler werden in sog. Gleitschaltechnik erbaut. Eine bewegliche „Gussform" (Schalung) umgibt ein Stahlgitter, in das Beton gegossen wird. Wird der Beton fest, heben hydraulische Winden die Schalung für den nächsten Guss ein wenig an.

7. Mit 75–100 mm pro Stunde wachsen die Pfeiler nicht einmal im Schneckentempo. Es dauert fast 19 Wochen, bis sie ihre volle Höhe erreicht haben.

Bildunterschriften (oben/rechts)

Aufgesattelt! Die Obergurte laufen auf riesigen, 45 t schweren Stahlsätteln über die Pfeiler.

Sattel

So läuft die Verlegerolle über die Spitze des Pfeilers.

Das erste Seil dient als Führung.

Querträger verbinden die Pfeiler.

Ein Verbund von 404 Seilen bildet einen Strang.

Brücken verbinden die Laufstege.

Über die Laufstege laufen die Rollen.

Sechseckiger (Ober-)Gurt (aus 37 Strängen)

Laufwerk (vergrößert)

Verlegerolle

Seilbahn

Verlegerolle

Kabelschuh

Kabelstrang

Verlegerolle mit Drahtseiltrommeln

Erstes Seil

Vergrößerung des Laufstegs

Hoch oben fließt Beton in bewegliche Schalungen.

Hydraulische Stempel heben die Schalung.

Vergrößerter Kabelschuh

Das fertige Fundament wird mit Sand gefüllt.

Beton wird von einem Mischer nach oben gepumpt.

„Kran fahren macht Spaß!"

Das Seil wird von einer Rolle abgespult.

Fundament in Vergrößerung

Der Bau beginnt auf einer Sandinsel, die von ins Flussbett gerammten Stahlwänden geschützt wird.

Bagger heben die Erde zwischen den betongefüllten Gräben aus.

Betonstreben stützen die Wände ab.

Vergrößerte Strebe

Stahlgeflecht der Grabenwände

Die Schlickgräben werden erst mit Bentonit und dann mit Beton ausgefüllt.

Fertige Innenwand

Senkkasten

Ein Boot bringt das erste Seil über den Fluss.

Schneidkante des Senkkastens

Ein Bagger gräbt die Erde aus dem Senkkasten.

Jeder Senkkasten ruht auf einem Betonsockel.

Sockel auf festem Lehm

Verankerung und Fundament

1. Das Gewicht der Brücke lastet sehr schwer auf den Gurten. An den Brückenenden halten deshalb gigantische Betonverankerungen die Gurte gespannt. Damit sie nicht herausgerissen werden, haben sie ein massives Betonfundament.

2. Um Trennwände im Fundament zu errichten, hebt man Gräben im Schlick aus. Wären sie leer, würden sie einbrechen, deshalb füllt man sie erst mit Bentonit (tonige Substanz), bevor sie mit Beton ausgegossen werden.

3. Zwischen den fertigen Trennwänden wird die Erde ausgebaggert und der Boden mit Beton ausgegossen. Das Ganze ähnelt dann einer riesigen Kiste mit Fächern.

4. Die Verankerung wird nach und nach mit Beton gefüllt, um die steigende Gurtspannung auszugleichen. Würde man sie gleich ganz ausfüllen, wäre sie zu schwer und könnte kippen.

5. Als Pfeilerfundamente konstruieren die Ingenieure zylindrische, wasserdichte Betonsenkkästen, die mit scharfen, stählernen Schneidkanten ins Flussbett einsinken, bis sie auf harten Lehm stoßen.

6. Durch eingepumpten Bentonit wird der Senkkasten schlüpfrig, sodass er leicht einsinkt. Grundwasser kann das Schmiermittel aber wegspülen. Um die erhöhte Reibung auszugleichen, wird der Senkkasten mit Stahlgewichten beschwert.

7. Sobald der Senkkasten auf festem Lehm ruht, wird er mit Beton ausgegossen und bildet ein solides Fundament für die Pfeiler.

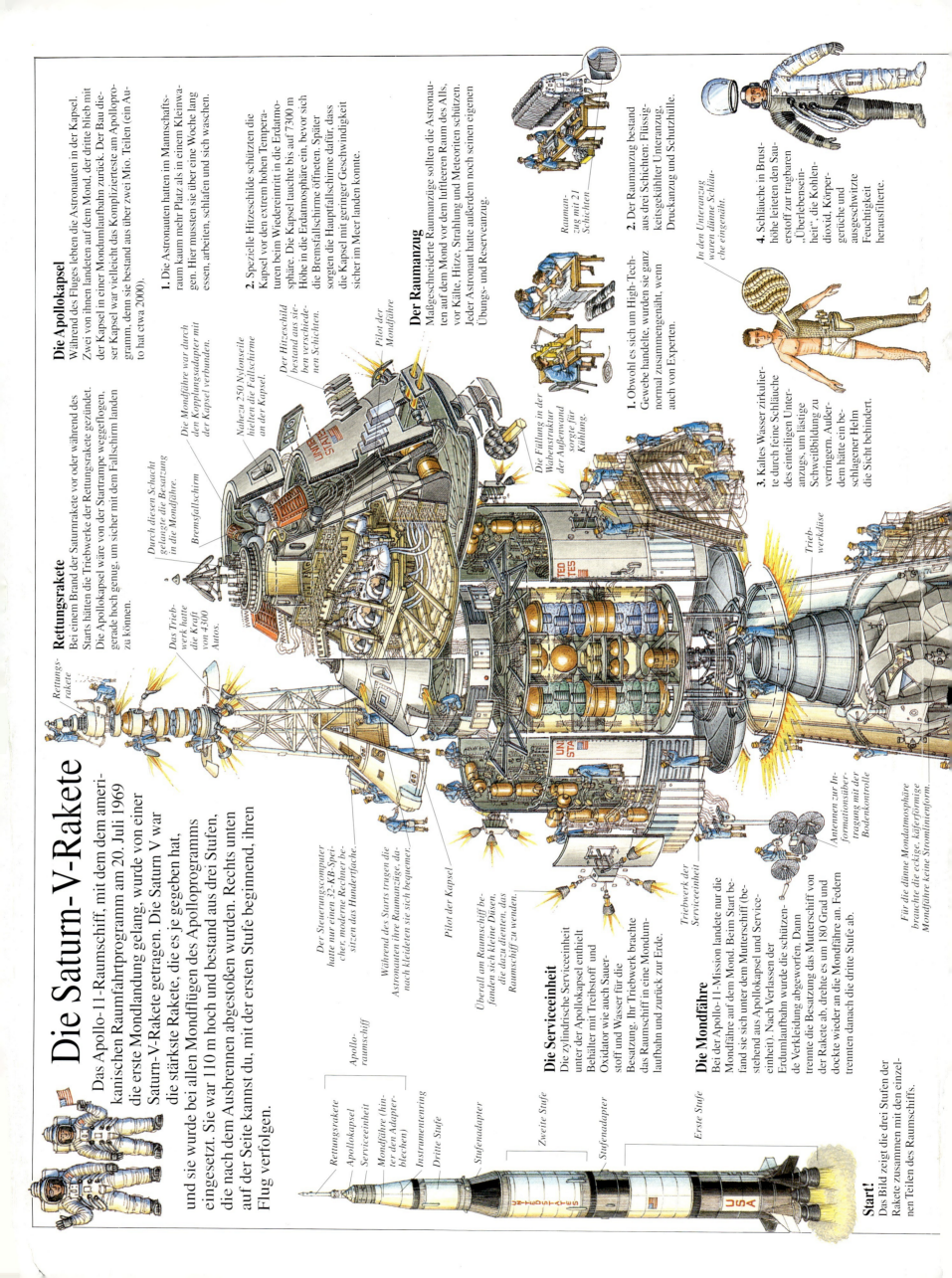

Die Saturn-V-Rakete

Das Apollo-11-Raumschiff, mit dem dem amerikanischen Raumfahrtprogramm am 20. Juli 1969 die erste Mondlandung gelang, wurde von einer Saturn-V-Rakete getragen. Die Saturn V war die stärkste Rakete, die es je gegeben hat, und sie wurde bei allen Mondflügen des Apolloprogramms eingesetzt. Sie war 110 m hoch und bestand aus drei Stufen, die nach dem Ausbrennen abgestoßen wurden. Rechts unten auf der Seite kannst du, mit der ersten Stufe beginnend, ihren Flug verfolgen.

Rettungs-rakete

Apollo-raumschiff

Rettungsrakete
Apollokapsel
Serviceeinheit
Mondfähre (hinter den Adapter-blechen)
Instrumentenring
Dritte Stufe
Stufenadapter
Zweite Stufe
Stufenadapter
Erste Stufe

Der Steuerungscomputer hatte nur einen 32-KB-Speicher, moderne Rechner besitzen das Hundertfache.

Während des Starts tragen die Astronauten ihre Raumanzüge, damit kleideten sie sich bequemer.

Überall am Raumschiff befanden sich kleine Düsen, die dazu dienten, das Raumschiff zu wenden.

Die Serviceeinheit
Die zylindrische Serviceeinheit unter der Apollokapsel enthielt Behälter mit Treibstoff und Oxidator wie auch Sauerstoff und Wasser für die Besatzung. Ihr Triebwerk brachte das Raumschiff in eine Mondumlaufbahn und zurück zur Erde.

Die Mondfähre
Bei der Apollo-11-Mission landete nur die Mondfähre auf dem Mond. Beim Start befand sich unter dem Mutterschiff und Serviceeinheit. Nach Verlassen der Erdumlaufbahn wurde die schützende Verkleidung abgeworfen. Dann trennte die Besatzung das Mutterschiff von der Rakete ab, drehte es um 180 Grad und dockte wieder an die Mondfähre an. Federn trennten danach die dritte Stufe ab.

Start!
Das Bild zeigt die drei Stufen der Rakete zusammen mit den einzelnen Teilen des Raumschiffs.

Pilot der Kapsel

Pilot der Mondfähre

Der Hitzeschild bestand aus sieben verschiedenen Schichten.

Die Füllung in der Wabenstruktur der Außenwand sorgte für Kühlung.

Triebwerk der Serviceeinheit

Triebwerksdüse

Antennen zur Informationsübertragung mit der Bodenkontrolle

Für die dünne Mondatmosphäre brauchte die eckige, käferförmige Mondfähre keine Stromlinienform.

Das Triebwerk hatte die Kraft von 4300 Autos.

Durch diesen Schacht gelangte die Besatzung in die Mondfähre.

Die Mondfähre war durch den Kopplungsadapter mit der Kapsel verbunden.

Nahezu 250 Nylonseile hielten die Fallschirme an der Kapsel.

Bremsfallschirm

Rettungsrakete
Bei einem Brand der Saturnrakete vor oder während des Starts hätten die Triebwerke der Rettungsrakete gezündet. Die Apollokapsel wäre von der Startrampe weggeflogen, gerade hoch genug, um sicher mit dem Fallschirm landen zu können.

Die Apollokapsel
Während des Fluges lebten die Astronauten in der Kapsel. Zwei von ihnen landeten auf dem Mond, der dritte blieb mit der Kapsel in einer Mondumlaufbahn zurück. Der Bau dieser Kapsel war vielleicht das Komplizierteste am Apolloprogramm, denn sie bestand aus über zwei Mio. Teilen (ein Auto hat etwa 2000).

1. Die Astronauten hatten im Mannschaftsraum kaum mehr Platz als in einem Kleinwagen. Hier mussten sie über eine Woche lang essen, arbeiten, schlafen und sich waschen.

2. Spezielle Hitzeschilde schützten die Kapsel vor den extrem hohen Temperaturen beim Wiedereintritt in die Erdatmosphäre. Die Kapsel tauchte bis auf 7300 m Höhe in die Erdatmosphäre ein, bevor sich die Bremsfallschirme öffneten. Später sorgten die Hauptfallschirme dafür, dass die Kapsel mit geringer Geschwindigkeit sicher im Meer landen konnte.

Raumanzug mit 21 Schichten

Der Raumanzug
Maßgeschneiderte Raumanzüge sollten die Astronauten auf dem Mond vor dem luftleeren Raum des Alls, vor Kälte, Hitze, Strahlung und Meteoriten schützen. Jeder Astronaut hatte außerdem noch seinen eigenen Übungs- und Reserveanzug.

1. Obwohl es sich um High-Tech-Gewebe handelte, wurden sie ganz normal zusammengenäht, wenn auch von Experten.

2. Der Raumanzug bestand aus drei Schichten: Flüssigkeitsgekühlter Unteranzug, Druckanzug und Schutzhülle.

In den Unteranzug waren dünne Schläuche eingenäht.

3. Kaltes Wasser zirkulierte durch feine Schläuche des einteiligen Unteranzugs, um lästige Schweißbildung zu verringern. Außerdem hätte ein beschlagener Helm die Sicht behindert.

4. Schläuche in Brusthöhe leiteten den Sauerstoff zur tragbaren „Überlebenseinheit". Die Kohlendioxid, Körpergerüche und ausgeschwitzte Feuchtigkeit herausfilterte.

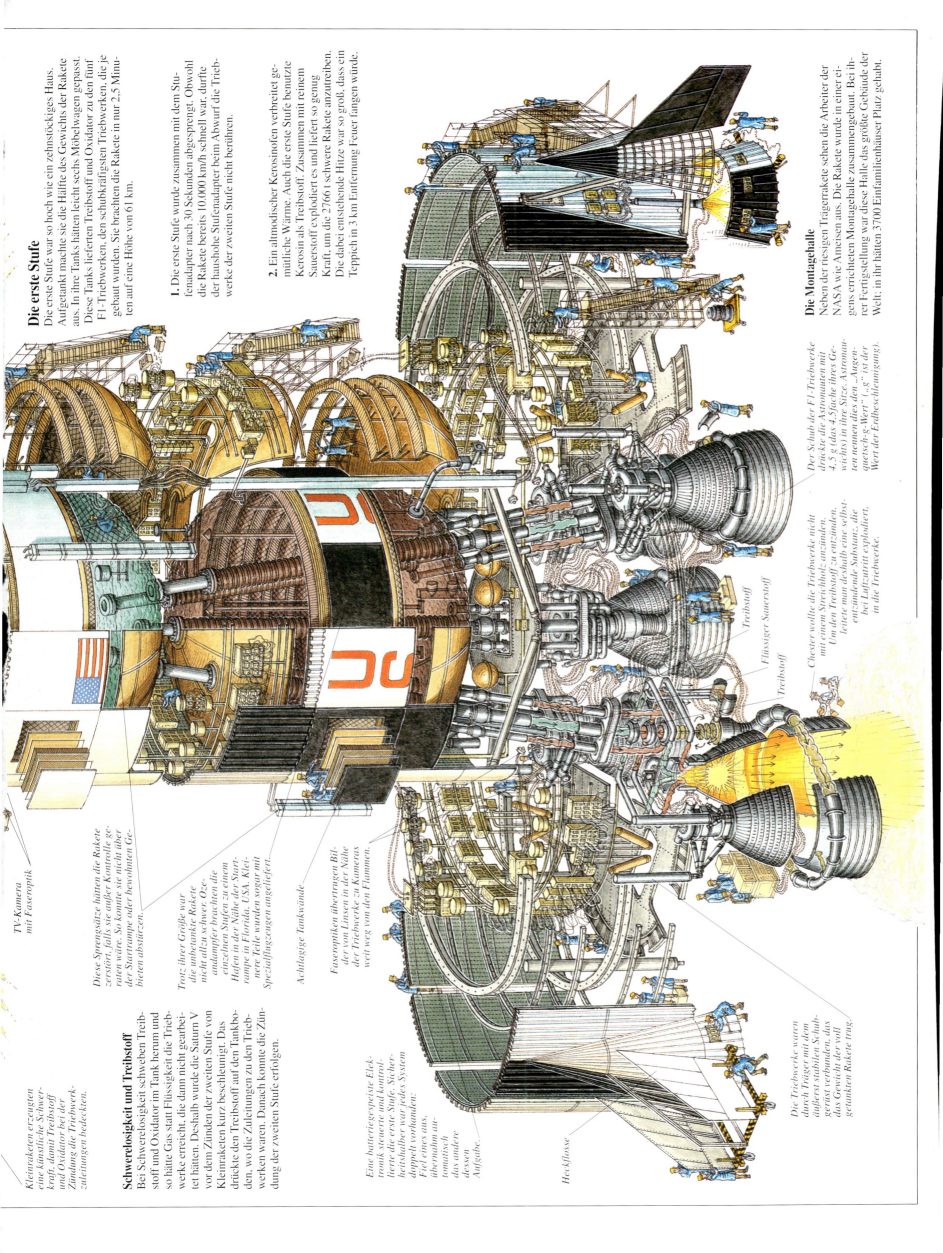

Die erste Stufe

Die erste Stufe war so hoch wie ein zehnstöckiges Haus. Aufgetankt machte sie die Hälfte des Gewichts der Rakete aus. In ihre Tanks hätten leicht sechs Möbelwagen gepasst. Diese Tanks lieferten Treibstoff und Oxidator zu den fünf F1-Triebwerken, den schubkräftigsten Triebwerken, die je gebaut wurden. Sie brachten die Rakete in nur 2,5 Minuten auf eine Höhe von 61 km.

1. Die erste Stufe wurde zusammen mit dem Stufenadapter nach 30 Sekunden abgesprengt. Obwohl die Rakete bereits 10.000 km/h schnell war, durfte der haushohe Stufenadapter beim Abwurf die Triebwerke der zweiten Stufe nicht berühren.

2. Ein altmodischer Kerosinofen verbreitet gemütliche Wärme. Auch die erste Stufe benutzte Kerosin als Treibstoff. Zusammen mit reinem Sauerstoff explodiert es und liefert so genug Kraft, um die 2766 t schwere Rakete anzutreiben. Die dabei entstehende Hitze war so groß, dass ein Teppich in 3 km Entfernung Feuer fangen würde.

Die Montagehalle

Neben der riesigen Trägerrakete sehen die Arbeiter der NASA wie Ameisen aus. Die Rakete wurde in einer eigens errichteten Montagehalle zusammengebaut. Bei ihrer Fertigstellung war diese Halle das größte Gebäude der Welt; in ihr hätten 3700 Einfamilienhäuser Platz gehabt.

Der Schub der F1-Triebwerke drückte die Astronauten mit 4,5 g (das 4,5fache ihres Gewichts) in ihre Sitze. Astronauten nennen dies den „Augenquetsch-g-Wert" („g" ist der Wert der Erdbeschleunigung).

Clester wollte die Triebwerke nicht mit einem Streichholz anzünden. Um den Treibstoff zu entzünden, leitete man deshalb eine selbstentzündende Substanz, die bei Luftzutritt explodiert, in die Triebwerke.

Treibstoff

Flüssiger Sauerstoff

Treibstoff

TV-Kamera mit Faseroptik

Diese Sprengsätze hätten die Rakete zerstört, falls sie außer Kontrolle geraten wäre. So konnte sie nicht über der Startrampe oder bewohnten Gebieten abstürzen.

Schwerelosigkeit und Treibstoff

Bei Schwerelosigkeit schweben Treibstoff und Oxidator im Tank herum und so hätte dann nicht gearbeitet hätten, die dann nicht gearbeitet hätten. Deshalb wurde die Saturn V vor dem Zünden der zweiten Stufe von Kleinraketen kurz beschleunigt. Das drückte den Treibstoff auf den Tankboden, wo die Zuleitungen zu den Triebwerken waren. Danach konnte die Zündung der zweiten Stufe erfolgen.

Trotz ihrer Größe war die unbetankte Rakete nicht allzu schwer. Ozeandampfer brachten die einzelnen Stufen zu einem Hafen in der Nähe der Startrampe in Florida, USA. Kleinere Teile wurden sogar mit Spezialflugzeugen angeliefert.

Achtlagige Tankwände

Faseroptiken übertrugen Bilder der von Linsen in der Nähe der Triebwerke zu Kameras weit weg von den Flammen.

Kleinraketen erzeugten eine künstliche Schwerkraft, damit Treibstoff und Oxidator bei der Zündung die Triebwerk-Zuleitungen bedeckten.

Eine batteriegespeiste Elektronik steuerte und kontrollierte die erste Stufe. Sicherheitshalber war jedes System doppelt vorhanden:
Fiel eines aus,
übernahm automatisch
das andere
dessen
Aufgabe.

Heckflosse

Die Triebwerke waren durch Träger mit dem äußerst stabilen Schubgerüst verbunden, das das Gewicht der voll getankten Rakete trug.

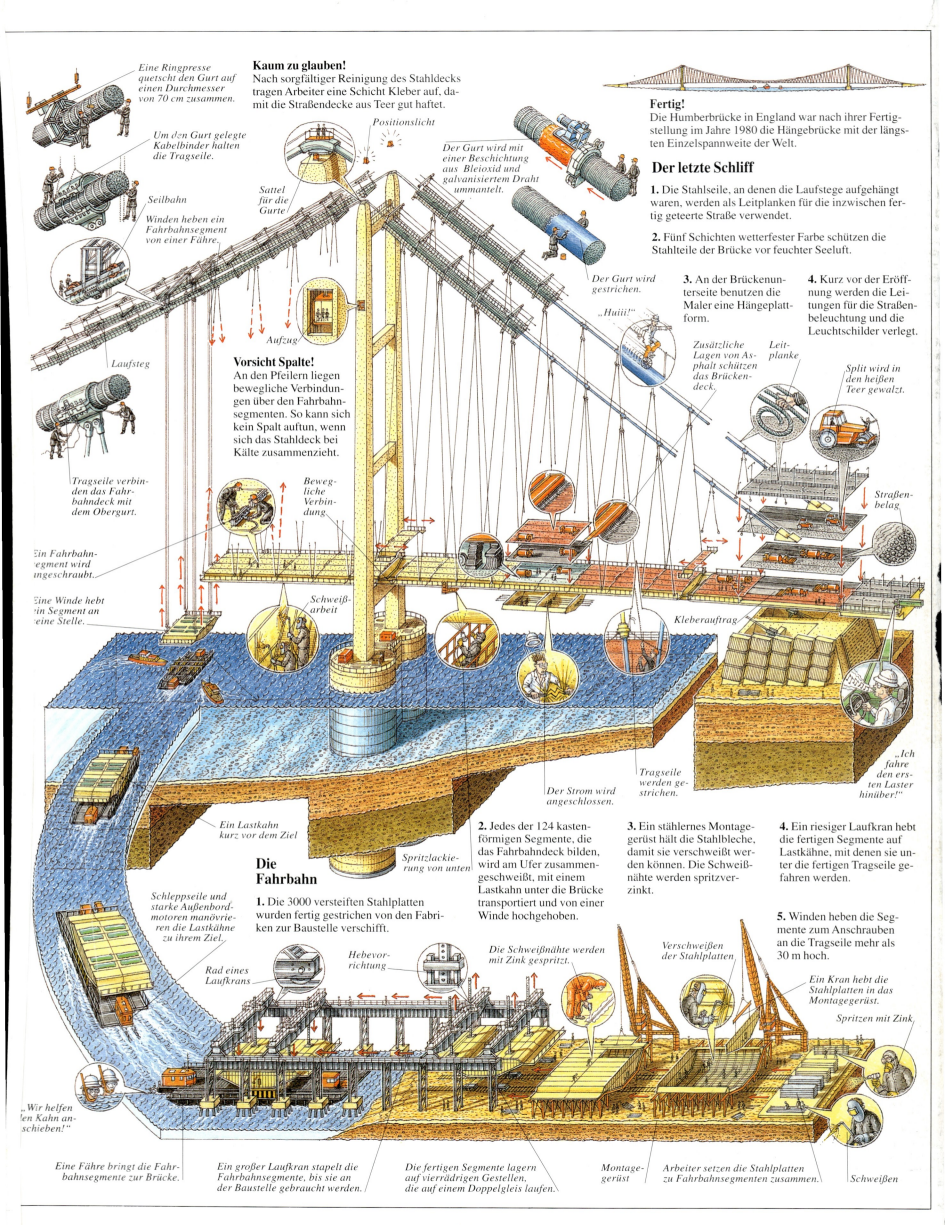

Eine Ringpresse quetscht den Gurt auf einen Durchmesser von 70 cm zusammen.

Um den Gurt gelegte Kabelbinder halten die Tragseile.

Seilbahn

Winden heben ein Fahrbahnsegment von einer Fähre.

Tragseile verbinden das Fahrbahndeck mit dem Obergurt.

Ein Fahrbahnsegment wird angeschraubt.

Eine Winde hebt ein Segment an seine Stelle.

Laufsteg

Kaum zu glauben!
Nach sorgfältiger Reinigung des Stahldecks tragen Arbeiter eine Schicht Kleber auf, damit die Straßendecke aus Teer gut haftet.

Positionslicht

Sattel für die Gurte

Aufzug

Vorsicht Spalte!
An den Pfeilern liegen bewegliche Verbindungen über den Fahrbahnsegmenten. So kann sich kein Spalt auftun, wenn sich das Stahldeck bei Kälte zusammenzieht.

Bewegliche Verbindung

Schweißarbeit

Der Gurt wird mit einer Beschichtung aus Bleioxid und galvanisiertem Draht ummantelt.

Der Gurt wird gestrichen.

„Huiii!"

Fertig!
Die Humberbrücke in England war nach ihrer Fertigstellung im Jahre 1980 die Hängebrücke mit der längsten Einzelspannweite der Welt.

Der letzte Schliff

1. Die Stahlseile, an denen die Laufstege aufgehängt waren, werden als Leitplanken für die inzwischen fertig geteerte Straße verwendet.

2. Fünf Schichten wetterfester Farbe schützen die Stahlteile der Brücke vor feuchter Seeluft.

3. An der Brückenunterseite benutzen die Maler eine Hängeplattform.

4. Kurz vor der Eröffnung werden die Leitungen für die Straßenbeleuchtung und die Leuchtschilder verlegt.

Zusätzliche Lagen von Asphalt schützen das Brückendeck.

Leitplanke

Split wird in den heißen Teer gewalzt.

Straßenbelag

Kleberauftrag

Der Strom wird angeschlossen.

Tragseile werden gestrichen.

„Ich fahre den ersten Laster hinüber!"

Ein Lastkahn kurz vor dem Ziel.

Spritzlackierung von unten

Die Fahrbahn

1. Die 3000 versteiften Stahlplatten wurden fertig gestrichen von den Fabriken zur Baustelle verschifft.

Schleppseile und starke Außenbordmotoren manövrieren die Lastkähne zu ihrem Ziel.

Rad eines Laufkrans

2. Jedes der 124 kastenförmigen Segmente, die das Fahrbahndeck bilden, wird am Ufer zusammengeschweißt, mit einem Lastkahn unter die Brücke transportiert und von einer Winde hochgehoben.

3. Ein stählernes Montagegerüst hält die Stahlbleche, damit sie verschweißt werden können. Die Schweißnähte werden spritzverzinkt.

4. Ein riesiger Laufkran hebt die fertigen Segmente auf Lastkähne, mit denen sie unter die fertigen Tragseile gefahren werden.

5. Winden heben die Segmente zum Anschrauben an die Tragseile mehr als 30 m hoch.

Hebevorrichtung

Die Schweißnähte werden mit Zink gespritzt.

Verschweißen der Stahlplatten

Ein Kran hebt die Stahlplatten in das Montagegerüst.

Spritzen mit Zink

„Wir helfen den Kahn anschieben!"

Eine Fähre bringt die Fahrbahnsegmente zur Brücke.

Ein großer Laufkran stapelt die Fahrbahnsegmente, bis sie an der Baustelle gebraucht werden.

Die fertigen Segmente lagern auf vierrädrigen Gestellen, die auf einem Doppelgleis laufen.

Montagegerüst

Arbeiter setzen die Stahlplatten zu Fahrbahnsegmenten zusammen.

Schweißen

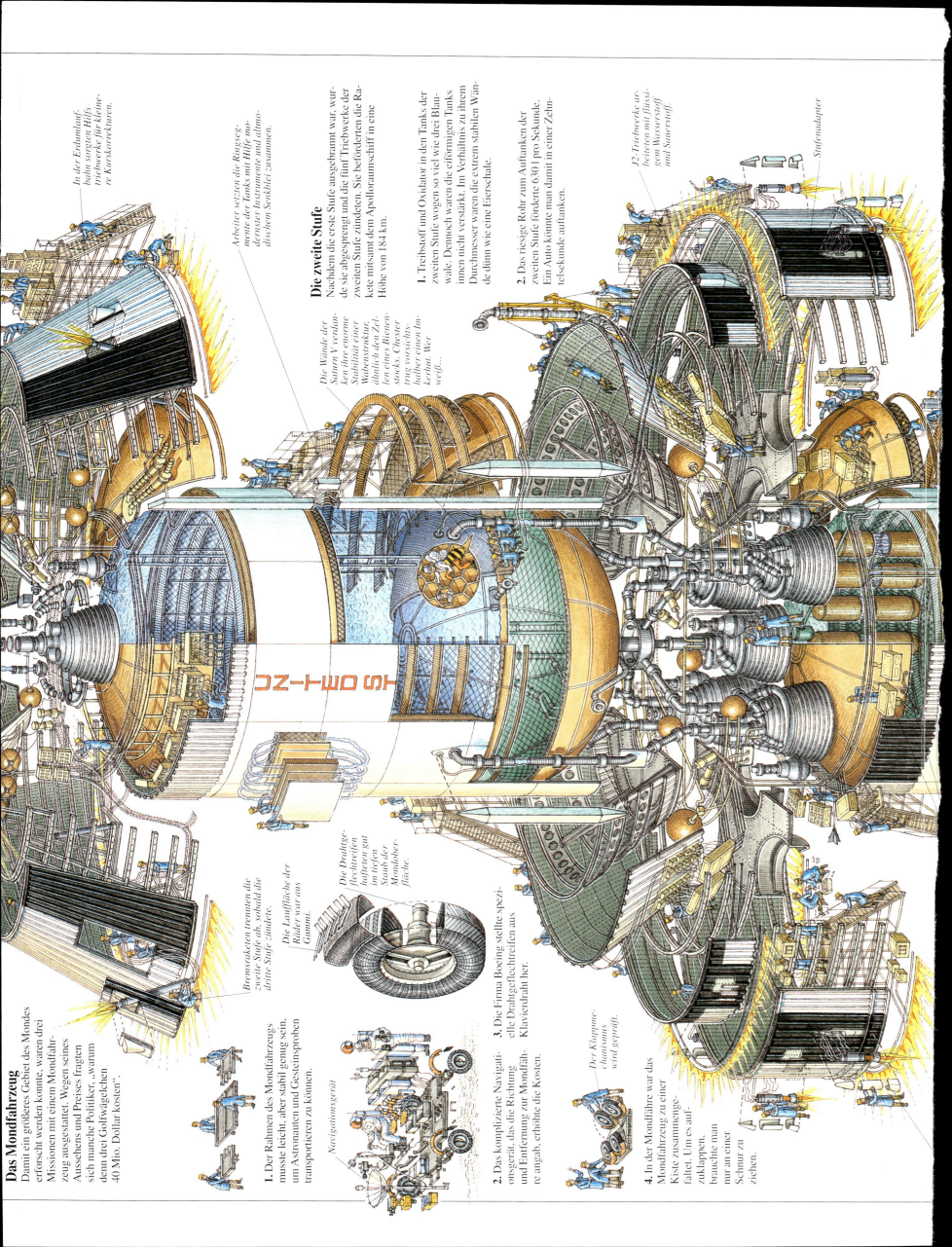

Das Mondfahrzeug

Damit ein größeres Gebiet des Mondes erforscht werden konnte, waren drei Missionen mit einem Mondfahrzeug ausgestattet. Wegen seines Aussehens und Preises fragten sich manche Politiker „warum denn drei Golfwägelchen 40 Mio. Dollar kosten".

1. Der Rahmen des Mondfahrzeugs musste leicht, aber stabil genug sein, um Astronauten und Gesteinsproben transportieren zu können.

Navigationsgerät

2. Das komplizierte Navigationsgerät, das die Richtung und Entfernung zur Mondfähre angab, erhöhte die Kosten.

3. Die Firma Boeing stellte spezielle Drahtgeflechtreifen aus Klavierdraht her.

Die Lauffläche der Räder war aus Gummi.

Die Drahtgeflechtreifen hafteten gut im tiefen Staub der Mondoberfläche.

Bremsraketen trennten die zweite Stufe ab, sobald die dritte Stufe zündete.

Der Klappmechanismus wird geprüft.

4. In der Mondfähre war das Mondfahrzeug zu einer Kiste zusammengefaltet. Um es aufzuklappen, brauchte man nur an einer Schnur zu ziehen.

In der Erdumlaufbahn sorgten Hilfstriebwerke für kleinere Kurskorrekturen.

Arbeiter setzten die Ringsegmente der Tanks mit Hilfe modernster Instrumente und atmosphärischem Senkblei zusammen.

Die zweite Stufe

Nachdem die erste Stufe ausgebrannt war, wurde sie abgesprengt und die fünf Triebwerke der zweiten Stufe zündeten. Sie beförderten die Rakete mitsamt dem Apolloraumschiff in eine Höhe von 184 km.

1. Treibstoff und Oxidator in den Tanks der zweiten Stufe wogen so viel wie drei Blauwale. Dennoch waren die eiförmigen Tanks innen nicht verstärkt. Im Verhältnis zu ihrem Durchmesser waren die extrem stabilen Wände so dünn wie eine Eierschale.

Die Wände der Saturn V verdanken ihre enorme Stabilität einer Wabenstruktur, ähnlich der Zellen eines Bienenstocks. Chester trug vorsichtshalber einen Imkerhut. Wer weiß...

2. Das riesige Rohr zum Auftanken der zweiten Stufe förderte 630 l pro Sekunde. Ein Auto könnte man damit in einer Zehntelsekunde auftanken.

J-2-Triebwerke arbeiteten mit flüssigem Wasserstoff und Sauerstoff.

Stufenadapter

Das Auto

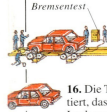

In der Auto-industrie verrichten oft Roboter Routinearbeiten wie Schweißen und Lackieren. Produktion und Qualitätskontrolle überwachen die Menschen und sorgen für einen reibungslosen Ablauf.

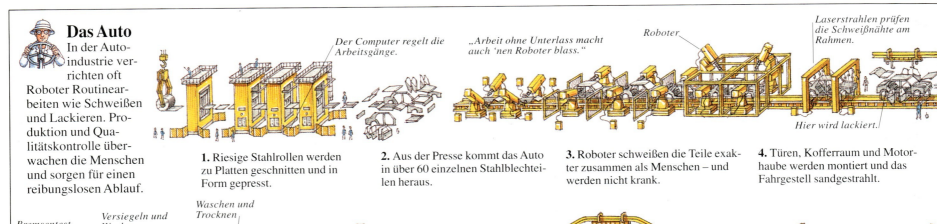

Der Computer regelt die Arbeitsgänge.

„Arbeit ohne Unterlass macht auch 'nen Roboter blass."

Roboter

Laserstrahlen prüfen die Schweißnähte am Rahmen.

Hier wird lackiert.

1. Riesige Stahlrollen werden zu Platten geschnitten und in Form gepresst.

2. Aus der Presse kommt das Auto in über 60 einzelnen Stahlblechteilen heraus.

3. Roboter schweißen die Teile exakter zusammen als Menschen – und werden nicht krank.

4. Türen, Kofferraum und Motorhaube werden montiert und das Fahrgestell sandgestrahlt.

Bremsentest

Versiegeln und Wachsen

Waschen und Trocknen

Motortest

Türen einpassen

Montageband

Autositze

Armaturenbrett

16. Die Türen werden wieder montiert, das Auto wird gewaschen, der Lack versiegelt und gewachst und die Bremsen werden getestet.

15. Ein Spezialist baut nun ein lästiges, unbestimmbares Klappergeräusch und den Duft nach „neuem Auto" ein.

14. Auf dem Förderband werden Karosserie und Motor zusammengesetzt.

Die Münze

Das Prägen von Metallmünzen ist ein uraltes, oft auch gefährliches Handwerk. Im 16. Jh. litten die Münzhersteller in der Londoner Münze (Münzfabrik) unter den Dämpfen des geschmolzenen Metalls. Zum Schutz vor Krankheiten tranken sie aus den Schädeln hingerichteter Gefangener.

Kupferbarren

Nickelkügelchen werden hinzugefügt.

„Wie schön!"

Gipsrelief

Metallkopie

Verkleinerungsmaschine

Stempel aus Stahl

1. Münzen bestehen hauptsächlich aus Kupfer, Zink oder Zinn. Die Beigabe von Nickel härtet das Metall.

2. Ein Künstler macht zunächst einen Entwurf der Münze und daraus ein Gipsrelief (Flachbild).

3. Vom Relief wird ein Galvano (eine härtere Kopie aus Metall) abgezogen. Sie ist größer als das Endprodukt.

4. Eine Verkleinerungsmaschine schneidet eine wesentlich kleinere, aber exakte Nachbildung in einen Stahlstempel. Davon wird ein Negativ (Matrize) und von diesem wiederum der Prägestempel hergestellt.

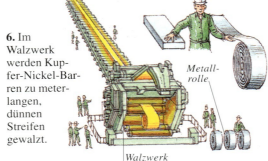

6. Im Walzwerk werden Kupfer-Nickel-Barren zu meterlangen, dünnen Streifen gewalzt.

Metallrolle

7. Eine Stanzmaschine schneidet münzgroße Plättchen aus der Metalllegierung.

Walzwerk

Die Rändelmaschine prägt die Münzränder.

Trichter mit Münzplättchen

Polieren

8. Zum Prägen werden die Münzen in einem Ofen weich gemacht.

9. Die bearbeiteten Münzen sind ganz matt und werden erst noch poliert.

Die Rüstung

Eine gute Rüstung passte wie ein guter Anzug und auch ein dicker Ritter konnte damit noch sein Pferd besteigen. Die Erfindung des Gewehrs ließ sie bald veralten, denn kugelsichere Rüstungen wären zu schwer gewesen.

Blasebälge bliesen Luft in die Glut im Ofen, um das Feuer anzufachen.

In rot glühender Holzkohle härteten die Platten durch die Verbindung von Kohlenstoff mit Eisen zu hartem Stahl.

Aus der Schmiede kamen die Platten in die Werkstatt.

Erhitzen

Auf einem Amboss in Form gebracht

Zum Abkühlen tauchte man die Platten in Wasser.

Der Kunde wählte nach einem Musterbuch aus.

Aufzeichnen

In einem Baumstumpf verankerte Schere

1. Gute Rüstungen waren Maßarbeit. Bei Bestellung lieferten die Kunden Wachsmodelle ihrer Gliedmaßen.

2. Die Umrisse der einzelnen Teile wurden auf Metallplatten aufgemalt.

3. Ein Gehilfe schnitt die Formen mit einer großen Metallschere aus.

Polierscheibe

„Ich will hier raus!"

4. Sorgfältiges Feilen der Kanten garantierte einen passgenauen Sitz der Rüstung.

5. Das langwierige Polieren beschleunigte man mit großen Polierscheiben.

6. Verzierungen machten die Rüstung teurer. Besonders schöne hatten kunstvolle Ätzgravuren.

„Hoffentlich hält sie!"

Nach etwa sechs Wochen war die Rüstung fertig.

7. Kleinteile wie Scharniere, Schalen und Schlösser fertigte ein Schlosser an.

8. Mit einem Armbrustpfeil testete der Rüstmeister sein Werk. Die Delle zeigte die Stärke der Rüstung an.

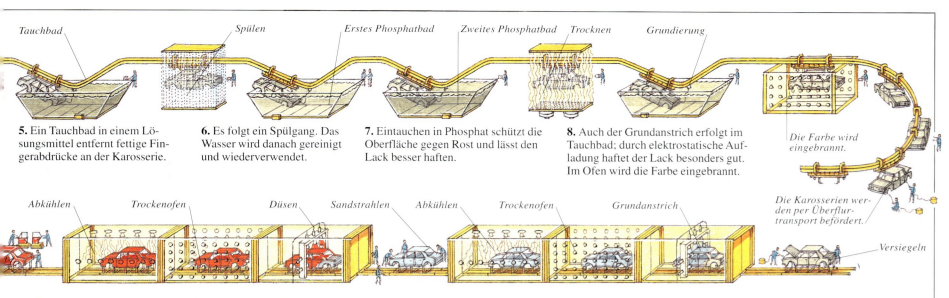

Tauchbad · **Spülen** · **Erstes Phosphatbad** · **Zweites Phosphatbad** · **Trocknen** · **Grundierung**

Die Farbe wird eingebrannt.

5. Ein Tauchbad in einem Lösungsmittel entfernt fettige Fingerabdrücke an der Karosserie.

6. Es folgt ein Spülgang. Das Wasser wird danach gereinigt und wiederverwendet.

7. Eintauchen in Phosphat schützt die Oberfläche gegen Rost und lässt den Lack besser haften.

8. Auch der Grundanstrich erfolgt im Tauchbad; durch elektrostatische Aufladung haftet der Lack besonders gut. Im Ofen wird die Farbe eingebrannt.

Die Karosserien werden per Überflurtransport befördert.

Abkühlen · **Trockenofen** · **Düsen** · **Sandstrahlen** · **Abkühlen** · **Trockenofen** · **Grundanstrich**

Versiegeln

13. Das Auto wird poliert und für die Montage von Sitzen und Armaturenbrett werden die Türen entfernt.

12. Mit rotierenden Düsen wird die Lackfarbe aufgesprüht und durch Wärmezufuhr gehärtet. In einem Luftkanal kühlt das Auto ab.

11. Leichtes Sandstrahlen bereitet die Oberfläche für die nächste Lackschicht vor.

10. Es folgt ein zweiter Grundanstrich. Danach finden die Arbeiten in gefilterter Luft statt, damit kein Staubteilchen den Anstrich verderben kann.

9. Auf leicht rostende Teile wird eine Versiegelung aufgesprüht.

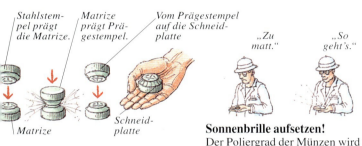

Stahlstempel prägt die Matrize. · *Matrize prägt Prägestempel.* · *Vom Prägestempel auf die Schneidplatte*

Matrize · *Schneidplatte*

„Zu matt." · „So geht's."

5. Aus dem Prägestempel wird eine harte Schneidplatte aus Metall angefertigt, die dann in der Prägemaschine die Oberfläche der Münzen prägt.

Sonnenbrille aufsetzen!
Der Poliergrad der Münzen wird der Münzanstalt von der Regierung vorgegeben. Maschinen messen exakt, wie hell eine Münze glänzt.

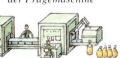

Letzter Arbeitsgang in der Prägemaschine

Eine Münze wird geprägt. · *Fertige Münze*

10. In der Prägemaschine werden die Münzen geprägt, danach kontrolliert, gewogen und verpackt.

Unentbehrlich
Die Herstellung von Münzen ist zwar teuer, aber wir brauchen sie bei zwei Dritteln unserer Einkäufe.

Die Plastikflasche
Plastikflaschen werden im Spritzgießverfahren hergestellt.

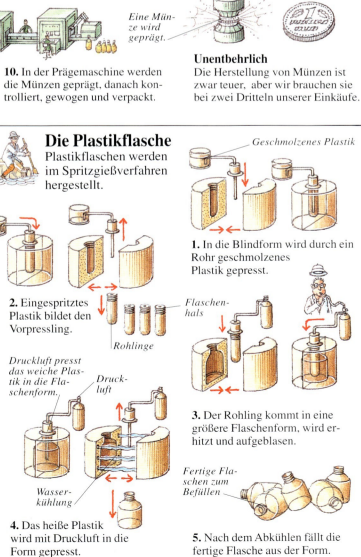

Geschmolzenes Plastik

1. In die Blindform wird durch ein Rohr geschmolzenes Plastik gepresst.

2. Eingespritztes Plastik bildet den Vorpressling.

Rohlinge

Flaschenhals

3. Der Rohling kommt in eine größere Flaschenform, wird erhitzt und aufgeblasen.

Druckluft presst das weiche Plastik in die Flaschenform. · *Druckluft*

Wasserkühlung

4. Das heiße Plastik wird mit Druckluft in die Form gepresst.

Fertige Flaschen zum Befüllen

5. Nach dem Abkühlen fällt die fertige Flasche aus der Form.

Trinkwasser
Trinkwasser muss, bevor es in die Wasserleitungen kommt, in manchen Ländern 57-mal getestet werden, das sind 42 Tests mehr als bei Mineralwasser.

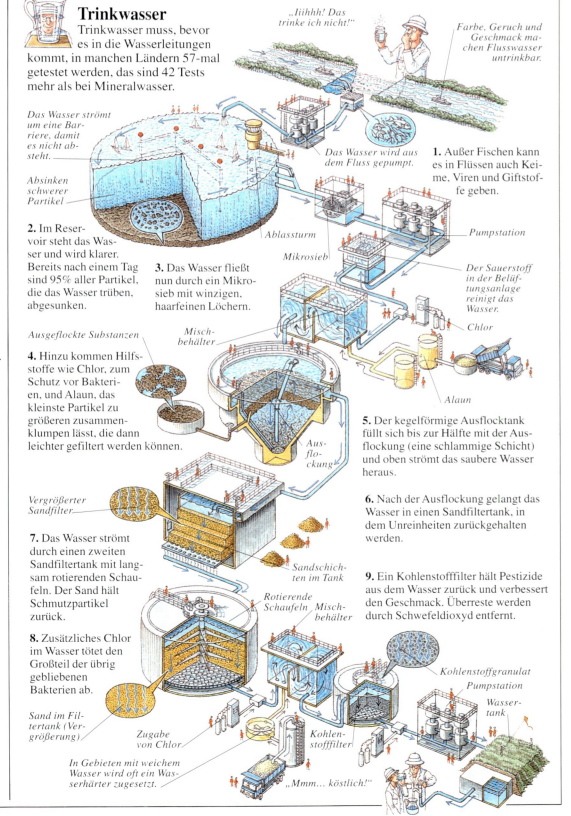

„Iiihhh! Das trinke ich nicht!"

Farbe, Geruch und Geschmack machen Flusswasser untrinkbar.

Das Wasser strömt um eine Barriere, damit es nicht absteht.

Das Wasser wird aus dem Fluss gepumpt.

1. Außer Fischen kann es in Flüssen auch Keime, Viren und Giftstoffe geben.

Absinken schwerer Partikel

Ablassturm · *Mikrosieb* · *Pumpstation*

2. Im Reservoir steht das Wasser und wird klarer. Bereits nach einem Tag sind 95% aller Partikel, die das Wasser trüben, abgesunken.

3. Das Wasser fließt nun durch ein Mikrosieb mit winzigen, haarfeinen Löchern.

Der Sauerstoff in der Belüftungsanlage reinigt das Wasser.

Chlor

Ausgeflockte Substanzen · *Mischbehälter*

4. Hinzu kommen Hilfsstoffe wie Chlor, zum Schutz vor Bakterien, und Alaun, das kleinste Partikel zu größeren zusammenklumpen lässt, die dann leichter gefiltert werden können.

Ausflockung

Alaun

5. Der kegelförmige Ausflocktank füllt sich bis zur Hälfte mit der Ausflockung (eine schlammige Schicht) und oben strömt das saubere Wasser heraus.

Vergrößerter Sandfilter

6. Nach der Ausflockung gelangt das Wasser in einen Sandfiltertank, in dem Unreinheiten zurückgehalten werden.

Sandschichten im Tank

7. Das Wasser strömt durch einen zweiten Sandfiltertank mit langsam rotierenden Schaufeln. Der Sand hält Schmutzpartikel zurück.

Rotierende Schaufeln · *Mischbehälter*

8. Zusätzliches Chlor im Wasser tötet den Großteil der übrig gebliebenen Bakterien ab.

9. Ein Kohlenstofffilter hält Pestizide aus dem Wasser zurück und verbessert den Geschmack. Überreste werden durch Schwefeldioxyd entfernt.

Sand im Filtertank (Vergrößerung)

Zugabe von Chlor

In Gebieten mit weichem Wasser wird oft ein Wasserhärter zugesetzt.

Kohlenstofffilter

Kohlenstoffgranulat · *Pumpstation* · *Wassertank*

„Mmm... köstlich!"

17

Die Boeing 777

Als technisches Wunderwerk rollte die neueste Boeing am 9. April 1994 vom Band. Die 777 ist das größte computergesteuerte Flugzeug und auch das größte, das mit nur zwei Motoren betrieben wird. Die Konstruktion der Maschine erfolgte ausschließlich per Computer. Die einzelnen Teilbereiche wurden auf speziellen Anlagen wie dem „Eisernen Vogel" für die Steuerung getestet. In computersimulierten Windkanälen prüfte man die Festigkeit des Flugwerks.

Direkt unter dem Dach transportieren riesige Schwebekräne die Flugzeugteile.

„Hier spricht der Kapitän… schnarch…" Unterhalb des Passagierraums ist Platz für vier Schlafkojen für die Crew. Nach einer Studie der NASA nickte über die Hälfte der 747-Piloten im Cockpit ein; einer schlief sogar 10 Minuten lang.

Flugdeck und Bug

1. Mit einem Bugmodell wurde vor Fertigungsbeginn sichergestellt, dass die Konstruktionscomputer richtig funktionierten. Der Rest wurde dann ohne Modelle gebaut.

Das vordere Rumpfsegment wird zur Montage in Position gebracht.

„Am Lüftungsschlauch blasen wir die Luftballons auf!"

Stromleitungen

Steuerbord-Tragfläche

Im Notfall lässt sich die Maschine auch von Hand steuern.

Die 777 hat ein „gläsernes Cockpit". Von acht LCD-(Flüssigkristall)-Anzeigen lesen die Piloten alle wichtigen Daten ab.

Während der Montagearbeiten schützt eine blaue Plastikfolie die Aluminium-Außenhaut.

BOEING 777-200

Steuerung

Wetterradar

Cockpit von innen

2. Die 777 fliegt „per Draht": die Steuerung im Cockpit ist also nicht direkt mit dem Leitwerk (Querruder, Ruder und Höhenruder) verbunden. Vom Steuerknüppel gehen Signale zu einem Computersystem, das Flugrichtung und Höhe des Flugzeugs steuert.

Außentemperatursonde

Computerchip in Großaufnahme

Die verwendeten Computerchips – ein Motorola 68040, ein Intel 80486 und ein AMD 29050 – wurden schon in Millionen von älteren PCs und Laserdruckern eingebaut.

3. Für die Piloten im Cockpit ist es, als flögen sie die Maschine selbst. Der Pilot braucht z.B. für eine scharfe Kurve mehr Kraft als für einen sanften Bogen.

Bugrad

Sitz und Pedale der Piloten lassen sich auf jede Körpergröße passend einstellen.

Triebwerk und Tragfläche

1. Die Generatoren an den Triebwerken erzeugen genug Strom für sämtliche Systeme an Bord.

4. Die digitale Flugsteuerung (DFCS) der 777 stützt sich auf drei getrennte Computer, die jeweils die gleichen Befehle aus dem Cockpit empfangen und auch die gleichen Signale an das Leitwerk weitergeben sollten. Bei Unstimmigkeiten wählen sie das richtige Signal aus!

5. Zu beiden Stand-by-DFCS an Bord gehören je drei Computer. Fällt einer davon während des Flugs aus, wird er bei der nächsten Wartung ausgetauscht.

Triebwerkshalterung

Generator

Ordnung im Cockpit

Die Ausstattung des Cockpits wurde ausgiebig auf Bedienungsfreundlichkeit getestet: Über 300 Piloten flogen im 777-Simulator, der mit einem Leitwerk verbunden war. Das Cockpit wurde von Computern überwacht, die die Reaktionen der Piloten aufzeichneten. Die Messergebnisse wurden in die Konstruktion des Cockpits einbezogen. Ältere Flugzeuge wurden selten so genau getestet.

Leitwerk

Flugsimulator

Triebwerktests

Die Bläsertriebwerke der 777 wurden sorgsam geprüft. So warfen Techniker in speziellen Tests z.B. tote Vögel, etwa von der Größe einer Ente, in die laufenden Motoren, um sicherzustellen, dass sie weiterarbeiten. Andere Tests maßen die Triebwerksvibrationen.

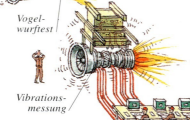

Vogelwurftest

Vibrationsmessung

Fanlaufrad

2. Die Triebwerkshalterungen sind so konstruiert, dass sie bei einem Unfall abbrechen. So bleibt der Flügel unverletzt. Die Maschine kann auch mit einem Triebwerk über drei Stunden weiterfliegen.

18

Rumpf und Passagierraum

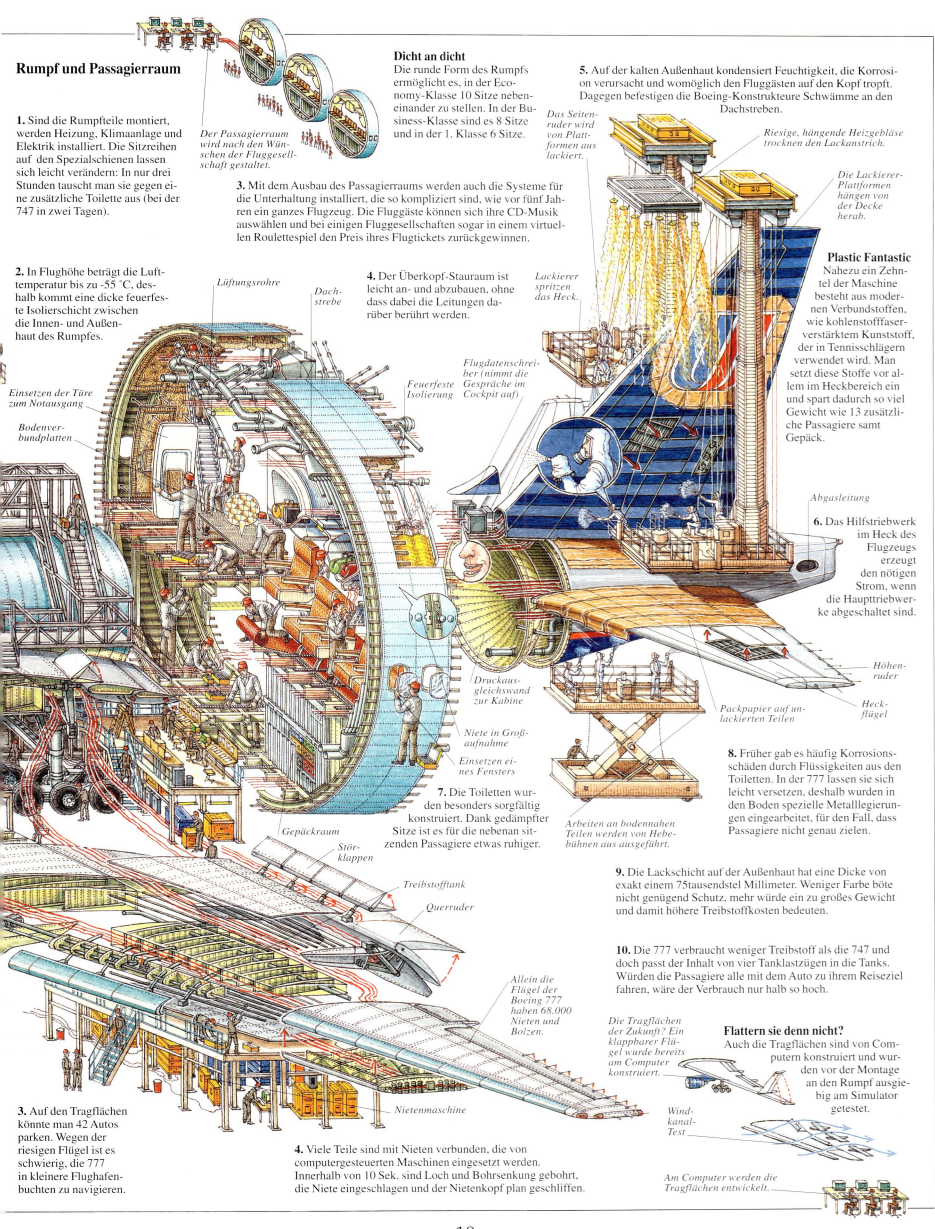

1. Sind die Rumpfteile montiert, werden Heizung, Klimaanlage und Elektrik installiert. Die Sitzreihen auf den Spezialschienen lassen sich leicht verändern: In nur drei Stunden tauscht man sie gegen eine zusätzliche Toilette aus (bei der 747 in zwei Tagen).

2. In Flughöhe beträgt die Lufttemperatur bis zu -55 °C, deshalb kommt eine dicke feuerfeste Isolierschicht zwischen die Innen- und Außenhaut des Rumpfes.

Dicht an dicht
Die runde Form des Rumpfs ermöglicht es, in der Economy-Klasse 10 Sitze nebeneinander zu stellen. In der Business-Klasse sind es 8 Sitze und in der 1. Klasse 6 Sitze.

Der Passagierraum wird nach den Wünschen der Fluggesellschaft gestaltet.

3. Mit dem Ausbau des Passagierraums werden auch die Systeme für die Unterhaltung installiert, die so kompliziert sind, wie vor fünf Jahren ein ganzes Flugzeug. Die Fluggäste können sich ihre CD-Musik auswählen und bei einigen Fluggesellschaften sogar in einem virtuellen Roulettespiel den Preis ihres Flugtickets zurückgewinnen.

4. Der Überkopf-Stauraum ist leicht an- und abzubauen, ohne dass dabei die Leitungen darüber berührt werden.

5. Auf der kalten Außenhaut kondensiert Feuchtigkeit, die Korrosion verursacht und womöglich den Fluggästen auf den Kopf tropft. Dagegen befestigen die Boeing-Konstrukteure Schwämme an den Dachstreben.

Das Seitenruder wird von Plattformen aus lackiert.

Riesige, hängende Heizgebläse trocknen den Lackanstrich.

Die Lackierer-Plattformen hängen von der Decke herab.

Plastic Fantastic
Nahezu ein Zehntel der Maschine besteht aus modernen Verbundstoffen, wie kohlenstofffaserverstärktem Kunststoff, der in Tennisschlägern verwendet wird. Man setzt diese Stoffe vor allem im Heckbereich ein und spart dadurch so viel Gewicht wie 13 zusätzliche Passagiere samt Gepäck.

Lackierer spritzen das Heck.

Flugdatenschreiber (nimmt die Gespräche im Cockpit auf)

Lüftungsrohre

Dachstrebe

Feuerfeste Isolierung

Einsetzen der Türe zum Notausgang

Bodenverbundplatten

Abgasleitung

6. Das Hilfstriebwerk im Heck des Flugzeugs erzeugt den nötigen Strom, wenn die Haupttriebwerke abgeschaltet sind.

Höhenruder

Heckflügel

Druckausgleichswand zur Kabine

Niete in Großaufnahme

Einsetzen eines Fensters

Packpapier auf unlackierten Teilen

7. Die Toiletten wurden besonders sorgfältig konstruiert. Dank gedämpfter Sitze ist es für die nebenan sitzenden Passagiere etwas ruhiger.

Arbeiten an bodennahen Teilen werden von Hebebühnen aus ausgeführt.

8. Früher gab es häufig Korrosionsschäden durch Flüssigkeiten aus den Toiletten. In der 777 lassen sie sich leicht versetzen, deshalb wurden in den Boden spezielle Metalllegierungen eingearbeitet, für den Fall, dass Passagiere nicht genau zielen.

Gepäckraum

Störklappen

Treibstofftank

Querruder

Allein die Flügel der Boeing 777 haben 68.000 Nieten und Bolzen.

Nietenmaschine

9. Die Lackschicht auf der Außenhaut hat eine Dicke von exakt einem 75tausendstel Millimeter. Weniger Farbe böte nicht genügend Schutz, mehr würde ein zu großes Gewicht und damit höhere Treibstoffkosten bedeuten.

10. Die 777 verbraucht weniger Treibstoff als die 747 und doch passt der Inhalt von vier Tanklastzügen in die Tanks. Würden die Passagiere alle mit dem Auto zu ihrem Reiseziel fahren, wäre der Verbrauch nur halb so hoch.

Flattern sie denn nicht?
Auch die Tragflächen sind von Computern konstruiert und wurden vor der Montage an den Rumpf ausgiebig am Simulator getestet.

Die Tragflächen der Zukunft? Ein klappbarer Flügel wurde bereits am Computer konstruiert.

Windkanal-Test

Am Computer werden die Tragflächen entwickelt.

3. Auf den Tragflächen könnte man 42 Autos parken. Wegen der riesigen Flügel ist es schwierig, die 777 in kleinere Flughafenbuchten zu navigieren.

4. Viele Teile sind mit Nieten verbunden, die von computergesteuerten Maschinen eingesetzt werden. Innerhalb von 10 Sek. sind Loch und Bohrsenkung gebohrt, die Niete eingeschlagen und der Nietenkopf plan geschliffen.

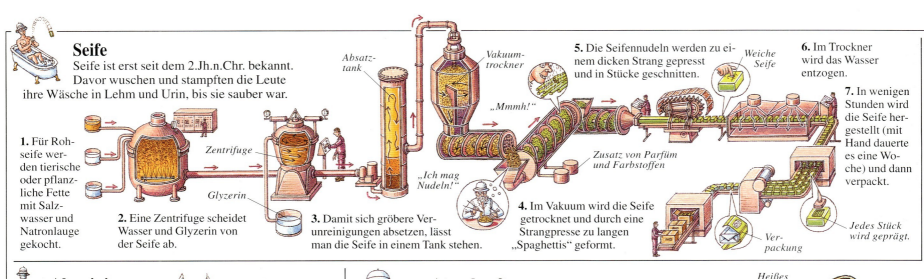

Seife

Seife ist erst seit dem 2.Jh.n.Chr. bekannt. Davor wuschen und stampften die Leute ihre Wäsche in Lehm und Urin, bis sie sauber war.

1. Für Rohseife werden die tierische oder pflanzliche Fette mit Salzwasser und Natronlauge gekocht.

Zentrifuge

2. Eine Zentrifuge scheidet Wasser und Glyzerin von der Seife ab.

Glyzerin

3. Damit sich gröbere Verunreinigungen absetzen, lässt man die Seife in einem Tank stehen.

Absatztank

Vakuumtrockner

„Ich mag Nudeln!"

4. Im Vakuum wird die Seife getrocknet und durch eine Strangpresse zu langen „Spaghettis" geformt.

„Mmmh!"

5. Die Seifennudeln werden zu einem dicken Strang gepresst und in Stücke geschnitten.

Zusatz von Parfüm und Farbstoffen

Weiche Seife

6. Im Trockner wird das Wasser entzogen.

7. In wenigen Stunden wird die Seife hergestellt (mit Hand dauerte es eine Woche) und dann verpackt.

Verpackung

Jedes Stück wird geprägt.

Aluminium-folie

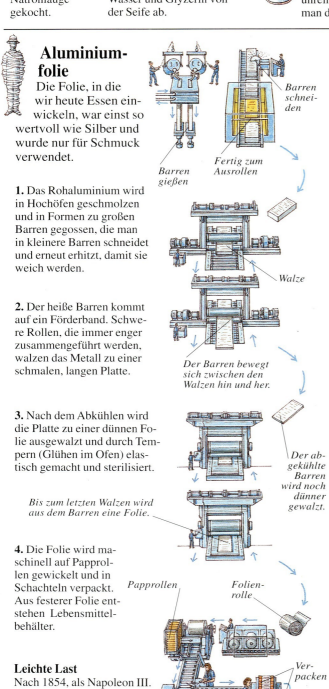

Die Folie, in die wir heute Essen einwickeln, war einst so wertvoll wie Silber und wurde nur für Schmuck verwendet.

1. Das Rohaluminium wird in Hochöfen geschmolzen und in Formen zu großen Barren gegossen, die man in kleinere Barren schneidet und erneut erhitzt, damit sie weich werden.

Barren schneiden

Barren gießen

Fertig zum Ausrollen

2. Der heiße Barren kommt auf ein Förderband. Schwere Rollen, die immer enger zusammengeführt werden, walzen das Metall zu einer schmalen, langen Platte.

Walze

Der Barren bewegt sich zwischen den Walzen hin und her.

3. Nach dem Abkühlen wird die Platte zu einer dünnen Folie ausgewalzt und durch Tempern (Glühen im Ofen) elastisch gemacht und sterilisiert.

Der abgekühlte Barren wird noch dünner gewalzt.

Bis zum letzten Walzen wird aus dem Barren eine Folie.

4. Die Folie wird maschinell auf Papprollen gewickelt und in Schachteln verpackt. Aus festerer Folie entstehen Lebensmittelbehälter.

Papprollen

Folienrolle

Verpacken

Fertige Rolle

Leichte Last

Nach 1854, als Napoleon III. (1808–73) seine Truppen mit einer leichteren Ausrüstung ausstattete, war Aluminium fast überall erhältlich.

„Mist! Total eingewickelt!"

Atomkraft

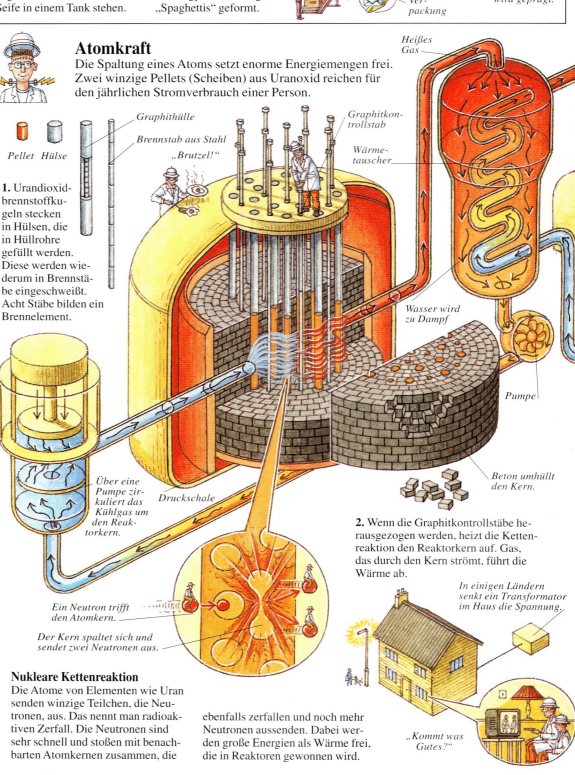

Die Spaltung eines Atoms setzt enorme Energiemengen frei. Zwei winzige Pellets (Scheiben) aus Uranoxid reichen für den jährlichen Stromverbrauch einer Person.

Heißes Gas

Graphithülle

Brennstab aus Stahl

„Brutzel!"

Graphitkontrollstab

Pellet *Hülse*

Wärmetauscher

1. Urandioxid-brennstoffkugeln stecken in Hülsen, die in Hüllrohre gefüllt werden. Diese werden wiederum in Brennstäbe eingeschweißt. Acht Stäbe bilden ein Brennelement.

Wasser wird zu Dampf

Über eine Pumpe zirkuliert das Kühlgas um den Reaktorkern.

Druckschale

Pumpe

Beton umhüllt den Kern.

2. Wenn die Graphitkontrollstäbe herausgezogen werden, heizt die Kettenreaktion den Reaktorkern auf. Gas, das durch den Kern strömt, führt die Wärme ab.

In einigen Ländern senkt ein Transformator im Haus die Spannung.

Ein Neutron trifft den Atomkern.

Der Kern spaltet sich und sendet zwei Neutronen aus.

„Kommt was Gutes?"

Nukleare Kettenreaktion

Die Atome von Elementen wie Uran senden winzige Teilchen, die Neutronen, aus. Das nennt man radioaktiven Zerfall. Die Neutronen sind sehr schnell und stoßen mit benachbarten Atomkernen zusammen, die ebenfalls zerfallen und noch mehr Neutronen aussenden. Dabei werden große Energien als Wärme frei, die in Reaktoren gewonnen wird.

Papier

Entrinden

Häckseln

In Europa verdrängte Papier vor 800 Jahren das Pergament (gegerbtes Leder). Es besteht heute meist aus Holzstoff und Altpapier.

1. Die Stämme kommen in die Fabrik und werden gehäckselt. Im Zellstoffkocher wird das Häckselgut zu Holzstoff (Fasern und Wasser) aufgekocht.

Zellstoffkocher

Waschen

Bleichen

Vorratsbehälter

Holzstoff auf dem Sieb

2. Der Holzstoff gelangt als dünner Film auf ein Sieb und wird entwässert.

3. Dann beginnt der lange Prozess des Trocknens. Zwischen Heiztrommeln entweicht dem Papier überschüssige Feuchtigkeit als Dampf.

Rollen ziehen das Papier über Filzlagen.

Heiztrommel

20

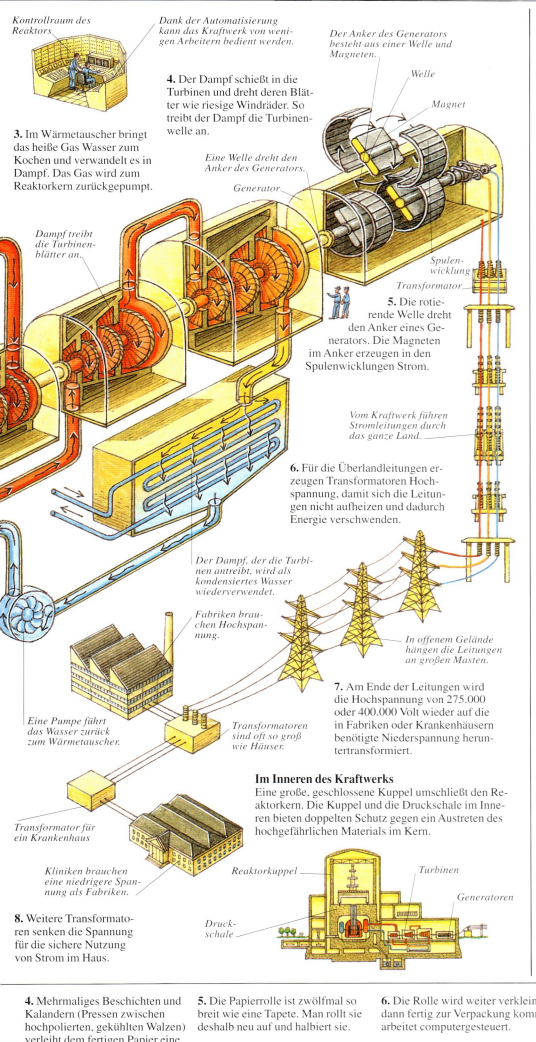

Kontrollraum des Reaktors

Dank der Automatisierung kann das Kraftwerk von wenigen Arbeitern bedient werden.

3. Im Wärmetauscher bringt das heiße Gas Wasser zum Kochen und verwandelt es in Dampf. Das Gas wird zum Reaktorkern zurückgepumpt.

4. Der Dampf schießt in die Turbinen und dreht deren Blätter wie riesige Windräder. So treibt der Dampf die Turbinenwelle an.

Der Anker des Generators besteht aus einer Welle und Magneten.

Welle

Magnet

Eine Welle dreht den Anker des Generators.

Generator

Dampf treibt die Turbinenblätter an.

Spulenwicklung

Transformator

5. Die rotierende Welle dreht den Anker eines Generators. Die Magneten im Anker erzeugen in den Spulenwicklungen Strom.

Vom Kraftwerk führen Stromleitungen durch das ganze Land.

6. Für die Überlandleitungen erzeugen Transformatoren Hochspannung, damit sich die Leitungen nicht aufheizen und dadurch Energie verschwenden.

Der Dampf, der die Turbinen antreibt, wird als kondensiertes Wasser wiederverwendet.

Fabriken brauchen Hochspannung.

In offenem Gelände hängen die Leitungen an großen Masten.

Eine Pumpe führt das Wasser zurück zum Wärmetauscher.

Transformatoren sind oft so groß wie Häuser.

7. Am Ende der Leitungen wird die Hochspannung von 275.000 oder 400.000 Volt wieder auf die in Fabriken oder Krankenhäusern benötigte Niederspannung heruntertransformiert.

Transformator für ein Krankenhaus

Kliniken brauchen eine niedrigere Spannung als Fabriken.

8. Weitere Transformatoren senken die Spannung für die sichere Nutzung von Strom im Haus.

Im Inneren des Kraftwerks

Eine große, geschlossene Kuppel umschließt den Reaktorkern. Die Kuppel und die Druckschale im Inneren bieten doppelten Schutz gegen ein Austreten des hochgefährlichen Materials im Kern.

Reaktorkuppel

Druckschale

Turbinen

Generatoren

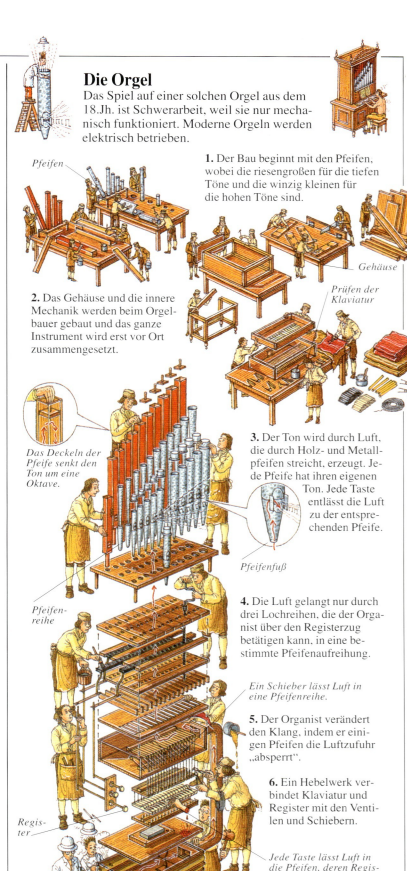

Die Orgel

Das Spiel auf einer solchen Orgel aus dem 18.Jh. ist Schwerarbeit, weil sie nur mechanisch funktioniert. Moderne Orgeln werden elektrisch betrieben.

Pfeifen

1. Der Bau beginnt mit den Pfeifen, wobei die riesengroßen für die tiefen Töne und die winzig kleinen für die hohen Töne sind.

Gehäuse

Prüfen der Klaviatur

2. Das Gehäuse und die innere Mechanik werden beim Orgelbauer gebaut und das ganze Instrument wird erst vor Ort zusammengesetzt.

Das Deckeln der Pfeife senkt den Ton um eine Oktave.

3. Der Ton wird durch Luft, die durch Holz- und Metallpfeifen streicht, erzeugt. Jede Pfeife hat ihren eigenen Ton. Jede Taste entlässt die Luft zu der entsprechenden Pfeife.

Pfeifenfuß

Pfeifenreihe

4. Die Luft gelangt nur durch drei Lochreihen, die der Organist über den Registerzug betätigen kann, in eine bestimmte Pfeifenaufreihung.

Ein Schieber lässt Luft in eine Pfeifenreihe.

5. Der Organist verändert den Klang, indem er einigen Pfeifen die Luftzufuhr „absperrt".

6. Ein Hebelwerk verbindet Klaviatur und Register mit den Ventilen und Schiebern.

Register

Jede Taste lässt Luft in die Pfeifen, deren Register gezogen ist.

7. Das Gebläse versorgt die Orgel mit Luft.

Gebläse

Die vorgefertigten Teile

4. Mehrmaliges Beschichten und Kalandern (Pressen zwischen hochpolierten, gekühlten Walzen) verleiht dem fertigen Papier eine glatte Oberfläche.

5. Die Papierrolle ist zwölfmal so breit wie eine Tapete. Man rollt sie deshalb neu auf und halbiert sie.

6. Die Rolle wird weiter verkleinert und zu Bogen geschnitten, die dann fertig zur Verpackung kommen. Auch die Schneidemaschine arbeitet computergesteuert.

7. Zuletzt werden Festigkeit, Oberfläche und Flugeigenschaften geprüft, das Papier verpackt und ausgeliefert.

Kalandern

Riesengroße Papierrolle

Umrollen

Schneiden

„Puh! So geht's leichter!"

Zuführen der Rolle in die Schneidemaschine

Das Papier wird zu kleineren, verpackungsfertigen Bogen geschnitten

„Endlich hab ich meine eigene F-18!"

Der Rennwagen

Der Vergleich zwischen einem Formel-1-Rennwagen und einer Limousine ist wie ein Vergleich zwischen Kleidungsstücken aus einer Luxusladenkette und Kleidern eines Top-Modedesigners. Rennwagen werden komplett nach Maß gebaut. Das Cockpit ist wie eine enge Jeans der Körpergröße des Fahrers angepasst, sodass er wie ein Supermodel auf sein Gewicht achten muss. Das erste Formel-1-Rennen im Jahr ist in vieler Hinsicht wie eine Modenschau. Jedes Detail an den neuen Wagen und deren Fahrverhalten auf der Strecke werden genau begutachtet.

Die Konstruktion
Die Karosserie sollte leicht, aber stabil sein und eine gute Bodenhaftung gewährleisten.

Nachdem auf dem Zeichenbrett ein Entwurf skizziert wurde, fertigen Konstrukteure ein Miniaturmodell der Karosserie an.

Die Konturen dieses Modells werden über einen Computerarm dreidimensional und digital aufgezeichnet.

Die Karosserie
Die Form eines Wagens wirkt sich sehr stark auf die Geschwindigkeit aus, deshalb wird zunächst die Karosserie entworfen. Die Ingenieure müssen dann sehen, wo sie Motor und Radaufhängung unterbringen. Damit jeder Wagen beim Rennen die gleichen Chancen hat, gibt es für jedes Teil strenge Konstruktionsvorschriften.

1. Zu den größten Gefahren gehört ein Treibstoffbrand. Ein Viertel des Gesamtgewichts des Wagens macht das schnell entzündbare Benzin aus, und der Fahrer sitzt direkt vor dem Tank. Stoßfeste Schilde und eine bruchsichere Innenblase verhindern ein Auslaufen des Benzins.

2. Bei einer Limousine soll die Radaufhängung Stöße abfangen, ein Rennwagen dagegen darf nicht federn, weil das die Bodenhaftung verringert. Sensoren senden die Daten über Unebenheiten auf der Strecke zum Bordcomputer. Er steuert die hydraulischen Dämpfer, die die Höhenlage der Räder regeln. So lässt sich die Radaufhängung per Computer während der Fahrt verändern.

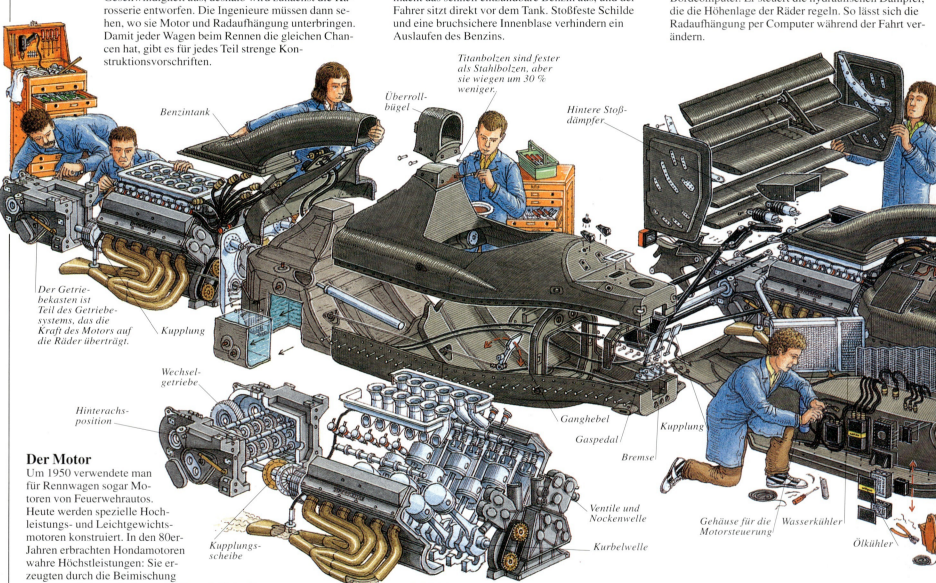

Titanbolzen sind fester als Stahlbolzen, aber sie wiegen um 30 % weniger.

Benzintank

Überrollbügel

Hintere Stoßdämpfer

Der Getriebekasten ist Teil des Getriebesystems, das die Kraft des Motors auf die Räder überträgt.

Kupplung

Wechselgetriebe

Hinterachsposition

Kupplungsscheibe

Ganghebel

Gaspedal

Bremse

Kupplung

Ventile und Nockenwelle

Kurbelwelle

Gehäuse für die Motorsteuerung

Wasserkühler

Ölkühler

Der Motor
Um 1950 verwendete man für Rennwagen sogar Motoren von Feuerwehrautos. Heute werden spezielle Hochleistungs- und Leichtgewichtsmotoren konstruiert. In den 80er-Jahren erbrachten Hondamotoren wahre Höchstleistungen: Sie erzeugten durch die Beimischung von komprimierter Luft zum Treibstoff die 20fache Leistung wie ein vergleichbarer Personenwagen.

1. Beim Rennen verbrennt der Motor nicht einmal ein Drittel des Kraftstoffs. Der größere Anteil geht durch den Auspuff als Lärm und Hitze verloren.

2. Die Teams wechseln die Motoren wie andere Leute ihre Unterwäsche. Nach jedem Rennen wird der Motor ausgebaut und zum Hersteller zurückgeschickt. Manchmal wird er in der folgenden Saison wieder eingesetzt oder aber durch ein neues und schnelleres Modell ersetzt.

Computerüberwachung
Die Sensoren am Wagen nehmen sämtliche Fahreigenschaften auf und leiten die Daten an den Bordcomputer weiter, von wo sie während eines Boxenstops abgerufen oder per Funk vom Computer gesendet werden.

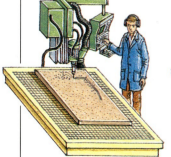

Der Bau der Karosserie
Eine computergesteuerte Fräse schneidet die Formen für die Karosserie aus flachen Platten.

Die Schalung für die Form wird aus Platten zusammengesetzt, die fixiert und anschließend mit Hand geglättet werden.

Damit nichts kleben bleibt, trägt man sorgfältig Lösungsmittel und Wachs auf und überzieht die Schalung mit Epoxyharz.

Etwa 10 Lagen exakt aufgelegte Kohlenstofffaserplatten bilden nun die Form.

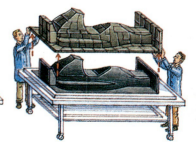

Die Karosserie wird bei 120 °C gehärtet – genau die richtige Temperatur zum Plätzchenbacken.

Am Computer wird die Karosserie mit den übrigen Bauteilen zusammengesetzt. Das Computermodell dient auch als Vorlage für die Originalform des Fahrwerks.

Im Windkanal bläst eine riesige Windmaschine Luft über das Modell, die Räder „fahren" auf einem Endlosband. Über Sensoren werden Luftwiderstand, Bodenandruck und Vibration und damit das Fahrverhalten des Wagens gemessen.

In den Pausen laufen die Techniker in den Windkanal und verändern kleinste Details am Wagen. Dabei müssen sie sich beeilen, denn der Betrieb des Windkanals ist teuer.

Jede Verringerung des Luftwiderstands erhöht die Geschwindigkeit des fertigen Rennwagens.

Die Verkleidung

Flügel, Spoiler und Reifen sind das „Gewand" des Wagens. Sie werden zusammen mit der Karosserie entworfen, sind aber meist abnehmbar, damit die Monteure kleinere Reparaturen vornehmen können. Die Spoiler wirken wie umgedrehte Flügel: Je höher die Geschwindigkeit, desto fester wird der Wagen auf den Boden gedrückt und desto besser ist die Bodenhaftung.

Der letzte Schliff

Zuletzt werden Lackierung und die Werbeschriftzüge der Sponsoren – Firmen, die die Rennfahrerteams finanziell unterstützen – aufgetragen. Je mehr Geld ein Sponsor investiert, desto größer und auffälliger ist sein Logo. Man muss also die Logos sehr sorgfältig auf dem Wagen platzieren, um alle Sponsoren zufriedenzustellen.

Der Fahrer

Die Fahrer tragen feuerfeste Anzüge aus mehreren Lagen hitzebeständigem Nylon, die einem Brand 30 Sek. lang standhalten. Zum Schutz vor giftigen Dämpfen und bei Erstickungsgefahr strömt komprimierte Luft in den Helm. Der schmale Augenschlitz des feuerfesten glasfaserverstärkten Helms schützt vor Schmutzpartikeln.

Die vorderen und hinteren Spoiler drücken den Wagen stärker auf den Boden als sein Eigengewicht.

Sechspunkt-Gurt

In dem ungepolsterten Sitz spürt der Fahrer jede Bodenunebenheit.

Verstärktes Schulterstück, um im Notfall den Fahrer aus dem Wagen zu ziehen.

„Sogar die Unterwäsche ist feuerfest."

Bremsklötze

Das Bremsgehäuse lässt zur Kühlung Luft über die Bremsscheiben aus Kohlenstofffasern zirkulieren. Sie werden beim Bremsen glühend heiß und funktionieren am besten bei 350-500°C.

Bei einem Unfall soll die Nase den Aufprall abmildern.

Die Karosserie besteht aus zwei Lagen Kohlenstofffasern und einer Mittelschicht aus Aluminiumwaben oder hitzebeständigem „Nomex" (Kunststoff).

Die unterschiedlichen Reifentypen werden je nach Strecke und Witterung ausgetauscht.

Spoiler

Boxenstop

Während des Rennens fahren die Wagen zum Auftanken, Reifenwechseln, zur Datenübertragung und für Wartungsarbeiten an Boxen (kleine Werkstätten). Bis zu 50 Techniker bringen den Wagen blitzschnell wieder auf die Strecke. In weniger als 10 Sekunden wechseln drei Mechaniker pro Rad alle vier Reifen.

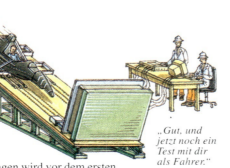

Viele Karosserien bestehen max. aus fünf Formen. Beim Zusammenbau wird das Cockpit mit Aluminiumwänden verstärkt.

„Gut, und jetzt noch ein Test mit dir als Fahrer."

Jeder neue Wagen wird vor dem ersten Rennen im simulierten Crashtest auf seine Sicherheit geprüft.

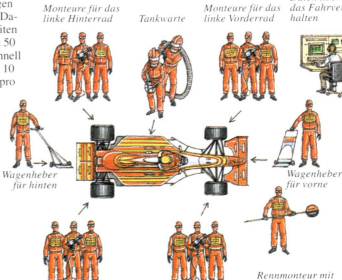

Monteure für das linke Hinterrad

Tankwarte

Monteure für das linke Vorderrad

Kontrolle der Daten über das Fahrverhalten

Wagenheber für hinten

Wagenheber für vorne

Monteure für das rechte Hinterrad

Monteure für das rechte Vorderrad

Rennmonteur mit Lotsensignal

Schießpulver

Altmodisches Schießpulver bestand aus folgenden Zutaten: 10 Teile Schwefel, 25 Teile Holzkohle und 75 Teile Salpeter (Kaliumnitrat).

Schwefel · *Holzkohlenherstellung* · *Dung*

Reinigen des Schwefels · *Reinigen des Salpeters*

1. Schwefel wurde von Vulkanen genommen. Reiner Schwefel knistert, wenn man ihn ans Ohr hält.

2. Holzkohle entsteht durch Verbrennen von Holz ohne Luftzufuhr (Abdecken mit Torf).

3. Salpeter stammt aus stickstoffreichen Böden und Dung, den Beauftragte des Königs in Scheunen sammelten.

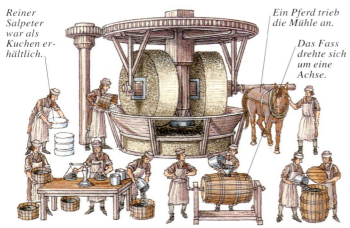

Reiner Salpeter war als Kuchen erhältlich.

Ein Pferd trieb die Mühle an.

Das Fass drehte sich um eine Achse.

4. Die Kuchen aus gereinigtem Salpeter wurden in Mühlen von steinernen Mühlsteinen zu feinem Pulver gemahlen.

5. Nach dem Einwiegen wurden die Zutaten in einem Fass getrommelt und vermischt.

6. Das Gefährlichste bei der Schießpulverherstellung war das Vermischen und Mahlen der Zutaten.

Unfälle mit der gefährlichen Substanz waren nicht selten.

7. 24 Stunden lang wurde die Mischung jede Sekunde von einem wassergetriebenen Stößel gestampft.

8. Die fertigen Pulverkörner waren hochexplosiv und man musste sie sorgfältig verstauen.

Körnen · *Trommeln*

9. Durch Körnen (Pulver durch Löcher in Pergament pressen) und Trommeln in einem Fass erhielt man grobkörniges Schießpulver.

10. Damit es nicht explodierte, trocknete man das Pulver in einem Raum, der von der Rückseite eines Ofens beheizt wurde.

Sanfte Hitze trocknete das Pulver.

Das Pulver lag auf Regalen.

„Vorsicht!" · *„Feuer!"* · *„Ganz gut!"*

11. Gutes Schießpulver verbrannte, ohne einen zweiten, eine Handbreit daneben liegenden Pulverhaufen zu entzünden.

12. Die Kraft des Schießpulvers wurde mit Kanonen getestet, indem man maß, wie tief die Kugel eindringen konnte.

Die Perücke

In den belebten Straßen des 18.Jh.s klauten kleine Jungen, auf den Schultern eines Mannes sitzend, die Perücken von den Köpfen der Passanten. So etwas braucht ein Perückenträger heute nicht zu befürchten.

Montur

1. Eine maßgeschneiderte Perücke muss sorgfältig angepasst werden, damit sie echt aussieht.

Montur auf dem Ständer · *Fertig zum Frisieren*

2. Die Haare werden in die Montur, eine aus Gaze hergestellte Kappe, eingeknüpft.

3. Der Perückenmacher knüpft bis zu 150.000 Haare in die Montur.

4. Zum Knüpfen ruht die Perücke auf einem Ständer. Die fertige Perücke hat langes Haar.

Fixieren der Frisur

5. Beim Friseur wird die Perücke wie natürliches Haar geschnitten und behandelt.

6. Das Haar wird auf Lockenwickler gedreht und die Frisur in einem Ofen gefestigt.

7. Klebeband hält die Perücke am Kopf fest – selbst bei starkem Wind.

Die Kathedrale

Im Mittelalter errichteten Baumeister grandiose Kathedralen mit einfachem Handwerkszeug. Der Turm des Straßburger Münsters ist 44 Stockwerke hoch. Als die Kathedrale von Amiens fertig war, hatten alle Einwohner der Stadt in ihr Platz.

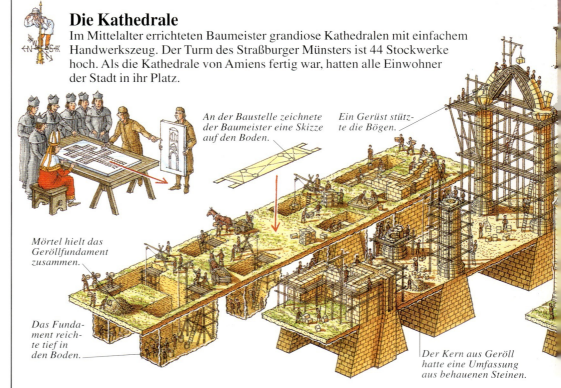

An der Baustelle zeichnete der Baumeister eine Skizze auf den Boden.

Ein Gerüst stützte die Bögen.

Mörtel hielt das Geröllfundament zusammen.

Das Fundament reichte tief in den Boden.

Der Kern aus Geröll hatte eine Umfassung aus behauenen Steinen.

1. Anhand von Skizzen auf Pergament zeigte der Baumeister (Architekt), wie das fertige Gebäude aussehen würde.

2. Um das Fundament auf einem festen Untergrund zu errichten, musste man manchmal 10–15 m tief graben.

3. Beim Bau stützten Holzgerüste die Steinbögen ab. Steinmetze brachten die Steine am Boden in die passende Form.

Der Ziegel

Ziegel wurden bis ungefähr 1860 von Hand hergestellt. Heute fertigt man sie maschinell.

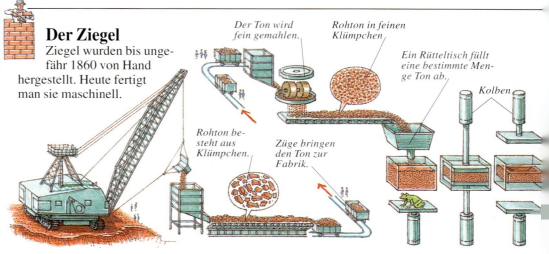

Der Ton wird fein gemahlen.

Rohton in feinen Klümpchen

Ein Rütteltisch füllt eine bestimmte Menge Ton ab.

Kolben

Rohton besteht aus Klümpchen.

Züge bringen den Ton zur Fabrik.

1. Ein Schaufelbagger gräbt das Rohmaterial (Ton oder Schieferton) aus.

2. Der Ton gelangt per Förderband oder Bahn aus der Grube zur Weiterverarbeitung in die Fabrik.

3. Kolben pressen den feuchten Ton in die Ziegelformen hinein.

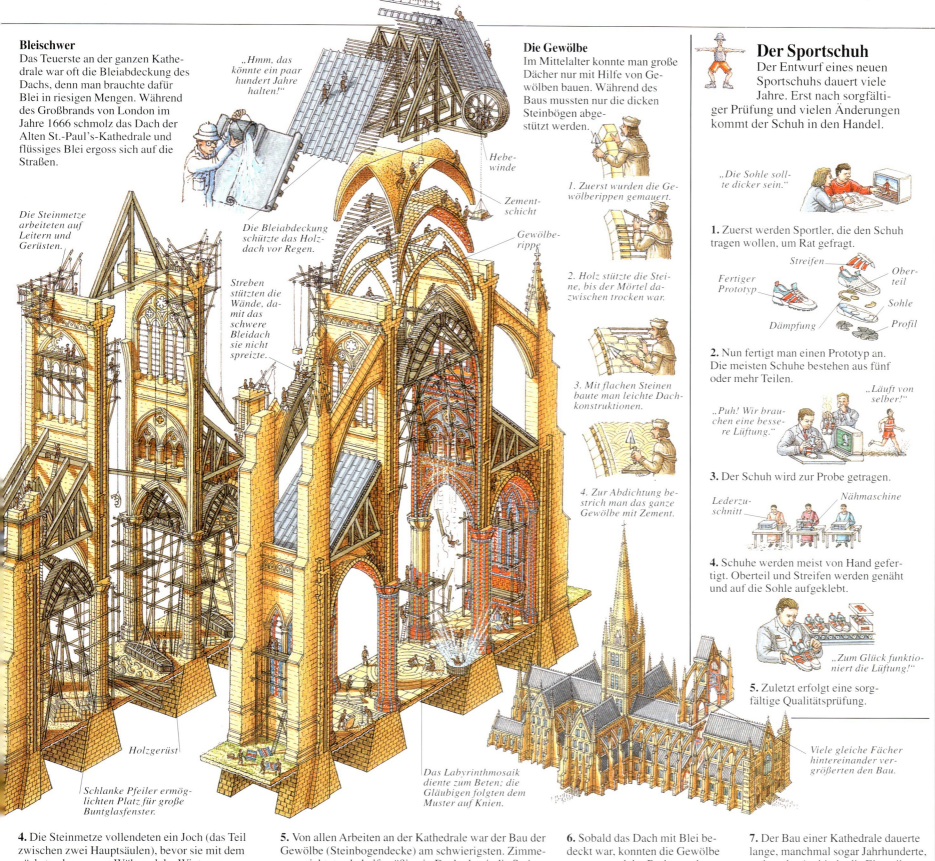

Bleischwer

Das Teuerste an der ganzen Kathedrale war oft die Bleiabdeckung des Dachs, denn man brauchte dafür Blei in riesigen Mengen. Während des Großbrands von London im Jahre 1666 schmolz das Dach der Alten St.-Paul's-Kathedrale und flüssiges Blei ergoss sich auf die Straßen.

Die Steinmetze arbeiteten auf Leitern und Gerüsten.

„Hmm, das könnte ein paar hundert Jahre halten!"

Die Bleiabdeckung schützte das Holzdach vor Regen.

Hebewinde

Zementschicht

Streben stützten die Wände, damit das schwere Bleidach sie nicht spreizte.

Holzgerüst

Schlanke Pfeiler ermöglichten Platz für große Buntglasfenster.

Das Labyrinthmosaik diente zum Beten; die Gläubigen folgten dem Muster auf Knien.

Die Gewölbe

Im Mittelalter konnte man große Dächer nur mit Hilfe von Gewölben bauen. Während des Baus mussten nur die dicken Steinbögen abgestützt werden.

Gewölberippe

1. Zuerst wurden die Gewölberippen gemauert.

2. Holz stützte die Steine, bis der Mörtel dazwischen trocken war.

3. Mit flachen Steinen baute man leichte Dachkonstruktionen.

4. Zur Abdichtung bestrich man das ganze Gewölbe mit Zement.

Der Sportschuh

Der Entwurf eines neuen Sportschuhs dauert viele Jahre. Erst nach sorgfältiger Prüfung und vielen Änderungen kommt der Schuh in den Handel.

„Die Sohle sollte dicker sein."

1. Zuerst werden Sportler, die den Schuh tragen wollen, um Rat gefragt.

Fertiger Prototyp — *Streifen* — *Oberteil* — *Dämpfung* — *Sohle* — *Profil*

2. Nun fertigt man einen Prototyp an. Die meisten Schuhe bestehen aus fünf oder mehr Teilen.

„Puh! Wir brauchen eine bessere Lüftung." *„Läuft von selber!"*

3. Der Schuh wird zur Probe getragen.

Lederzuschnitt — *Nähmaschine*

4. Schuhe werden meist von Hand gefertigt. Oberteil und Streifen werden genäht und auf die Sohle aufgeklebt.

„Zum Glück funktioniert die Lüftung!"

5. Zuletzt erfolgt eine sorgfältige Qualitätsprüfung.

Viele gleiche Fächer hintereinander vergrößerten den Bau.

4. Die Steinmetze vollendeten ein Joch (das Teil zwischen zwei Hauptsäulen), bevor sie mit dem nächsten begannen. Während der Winterpause schützte eine Strohabdeckung die unfertigen Wände vor Frostschäden.

5. Von allen Arbeiten an der Kathedrale war der Bau der Gewölbe (Steinbogendecke) am schwierigsten. Zimmerer errichteten behelfsmäßig ein Dach, damit die Steinmetze vorm Wetter geschützt mit der Arbeit an den Gewölben beginnen konnten.

6. Sobald das Dach mit Blei bedeckt war, konnten die Gewölbe verputzt und der Boden verlegt werden. Zuletzt wurde der Innenraum ausgebaut.

7. Der Bau einer Kathedrale dauerte lange, manchmal sogar Jahrhunderte, sodass der Architekt die Einweihung oft gar nicht mehr erlebte.

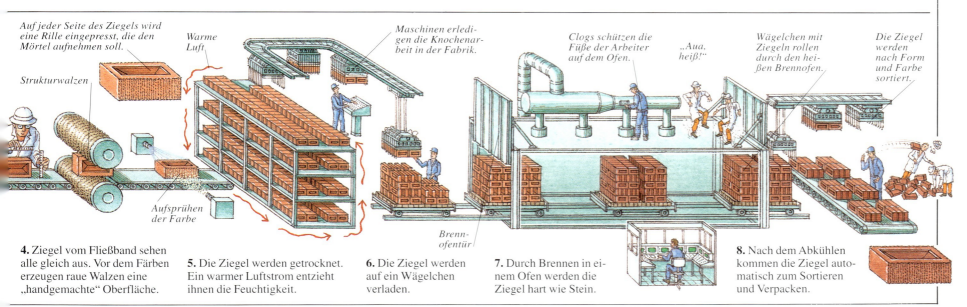

Auf jeder Seite des Ziegels wird eine Rille eingepresst, die den Mörtel aufnehmen soll.

Strukturwalzen

Warme Luft

Maschinen erledigen die Knochenarbeit in der Fabrik.

Clogs schützen die Füße der Arbeiter auf dem Ofen.

„Aua, heiß!"

Wägelchen mit Ziegeln rollen durch den heißen Brennofen.

Die Ziegel werden nach Form und Farbe sortiert.

Aufsprühen der Farbe

Brennofentür

4. Ziegel vom Fließband sehen alle gleich aus. Vor dem Färben erzeugen raue Walzen eine „handgemachte" Oberfläche.

5. Die Ziegel werden getrocknet. Ein warmer Luftstrom entzieht ihnen die Feuchtigkeit.

6. Die Ziegel werden auf ein Wägelchen verladen.

7. Durch Brennen in einem Ofen werden die Ziegel hart wie Stein.

8. Nach dem Abkühlen kommen die Ziegel automatisch zum Sortieren und Verpacken.

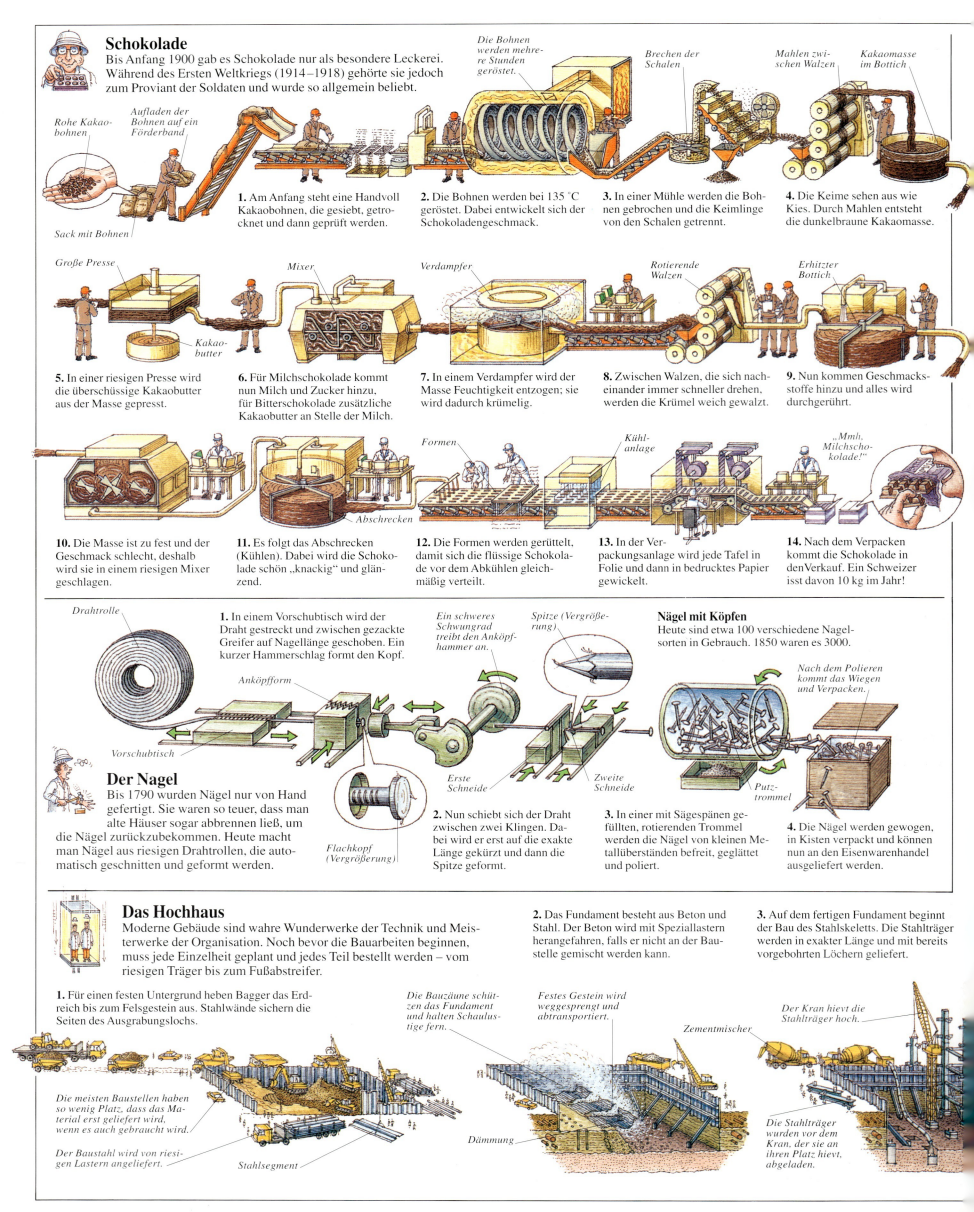

Schokolade

Bis Anfang 1900 gab es Schokolade nur als besondere Leckerei. Während des Ersten Weltkriegs (1914–1918) gehörte sie jedoch zum Proviant der Soldaten und wurde so allgemein beliebt.

Rohe Kakaobohnen

Aufladen der Bohnen auf ein Förderband

Sack mit Bohnen

Die Bohnen werden mehrere Stunden geröstet.

Brechen der Schalen

Mahlen zwischen Walzen

Kakaomasse im Bottich

1. Am Anfang steht eine Handvoll Kakaobohnen, die gesiebt, getrocknet und dann geprüft werden.

2. Die Bohnen werden bei 135 °C geröstet. Dabei entwickelt sich der Schokoladengeschmack.

3. In einer Mühle werden die Bohnen gebrochen und die Keimlinge von den Schalen getrennt.

4. Die Keime sehen aus wie Kies. Durch Mahlen entsteht die dunkelbraune Kakaomasse.

Große Presse

Mixer

Verdampfer

Rotierende Walzen

Erhitzter Bottich

Kakaobutter

5. In einer riesigen Presse wird die überschüssige Kakaobutter aus der Masse gepresst.

6. Für Milchschokolade kommt nun Milch und Zucker hinzu, für Bitterschokolade zusätzliche Kakaobutter an Stelle der Milch.

7. In einem Verdampfer wird der Masse Feuchtigkeit entzogen; sie wird dadurch krümelig.

8. Zwischen Walzen, die sich nacheinander immer schneller drehen, werden die Krümel weich gewalzt.

9. Nun kommen Geschmacksstoffe hinzu und alles wird durchgerührt.

Formen

Kühlanlage

"Mmh, Milchschokolade!"

Abschrecken

10. Die Masse ist zu fest und der Geschmack schlecht, deshalb wird sie in einem riesigen Mixer geschlagen.

11. Es folgt das Abschrecken (Kühlen). Dabei wird die Schokolade schön „knackig" und glänzend.

12. Die Formen werden gerüttelt, damit sich die flüssige Schokolade vor dem Abkühlen gleichmäßig verteilt.

13. In der Verpackungsanlage wird jede Tafel in Folie und dann in bedrucktes Papier gewickelt.

14. Nach dem Verpacken kommt die Schokolade in denVerkauf. Ein Schweizer isst davon 10 kg im Jahr!

Drahtrolle

1. In einem Vorschubtisch wird der Draht gestreckt und zwischen gezackte Greifer auf Nagellänge geschoben. Ein kurzer Hammerschlag formt den Kopf.

Ein schweres Schwungrad treibt den Anköpfhammer an.

Spitze (Vergrößerung)

Nägel mit Köpfen
Heute sind etwa 100 verschiedene Nagelsorten in Gebrauch. 1850 waren es 3000.

Nach dem Polieren kommt das Wiegen und Verpacken.

Anköpfform

Vorschubtisch

Der Nagel

Bis 1790 wurden Nägel nur von Hand gefertigt. Sie waren so teuer, dass man alte Häuser sogar abbrennen ließ, um die Nägel zurückzubekommen. Heute macht man Nägel aus riesigen Drahtrollen, die automatisch geschnitten und geformt werden.

Flachkopf (Vergrößerung)

Erste Schneide

Zweite Schneide

Putztrommel

2. Nun schiebt sich der Draht zwischen zwei Klingen. Dabei wird er erst auf die exakte Länge gekürzt und dann die Spitze geformt.

3. In einer mit Sägespänen gefüllten, rotierenden Trommel werden die Nägel von kleinen Metallüberständen befreit, geglättet und poliert.

4. Die Nägel werden gewogen, in Kisten verpackt und können nun an den Eisenwarenhandel ausgeliefert werden.

Das Hochhaus

Moderne Gebäude sind wahre Wunderwerke der Technik und Meisterwerke der Organisation. Noch bevor die Bauarbeiten beginnen, muss jede Einzelheit geplant und jedes Teil bestellt werden – vom riesigen Träger bis zum Fußabstreifer.

2. Das Fundament besteht aus Beton und Stahl. Der Beton wird mit Speziallastern herangefahren, falls er nicht an der Baustelle gemischt werden kann.

3. Auf dem fertigen Fundament beginnt der Bau des Stahlskeletts. Die Stahlträger werden in exakter Länge und mit bereits vorgebohrten Löchern geliefert.

1. Für einen festen Untergrund heben Bagger das Erdreich bis zum Felsgestein aus. Stahlwände sichern die Seiten des Ausgrabungslochs.

Die Bauzäune schützen das Fundament und halten Schaulustige fern.

Festes Gestein wird weggesprengt und abtransportiert.

Der Kran hievt die Stahlträger hoch.

Zementmischer

Die meisten Baustellen haben so wenig Platz, dass das Material erst geliefert wird, wenn es auch gebraucht wird.

Der Baustahl wird von riesigen Lastern angeliefert.

Stahlsegment

Dämmung

Die Stahlträger wurden vor dem Kran, der sie an ihren Platz hievt, abgeladen.

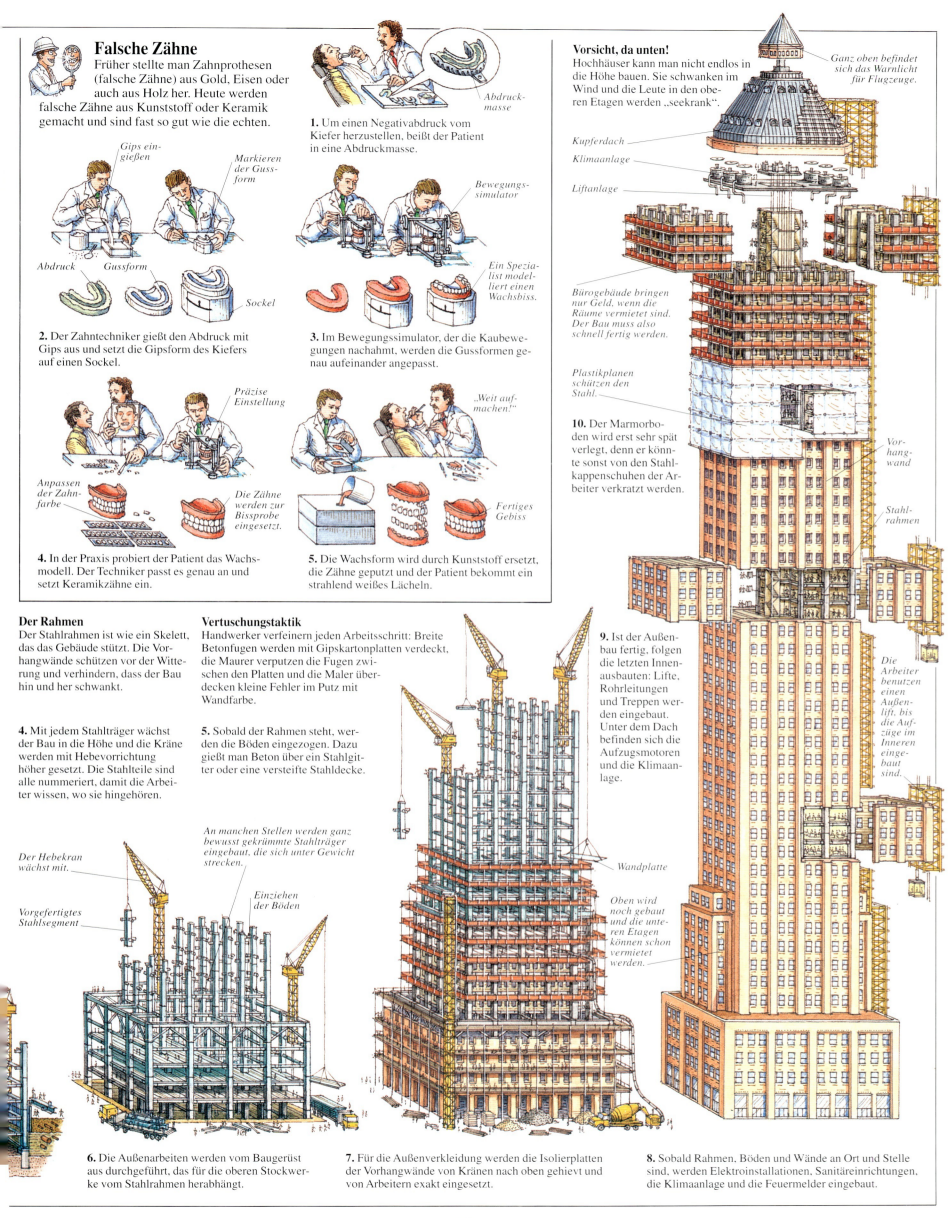

Falsche Zähne

Früher stellte man Zahnprothesen (falsche Zähne) aus Gold, Eisen oder auch aus Holz her. Heute werden falsche Zähne aus Kunststoff oder Keramik gemacht und sind fast so gut wie die echten.

Abdruckmasse

1. Um einen Negativabdruck vom Kiefer herzustellen, beißt der Patient in eine Abdruckmasse.

Gips eingießen
Markieren der Gussform
Abdruck
Gussform
Sockel

2. Der Zahntechniker gießt den Abdruck mit Gips aus und setzt die Gipsform des Kiefers auf einen Sockel.

Bewegungssimulator
Ein Spezialist modelliert einen Wachsbiss.

3. Im Bewegungssimulator, der die Kaubewegungen nachahmt, werden die Gussformen genau aufeinander angepasst.

Anpassen der Zahnfarbe
Präzise Einstellung
Die Zähne werden zur Bissprobe eingesetzt.

4. In der Praxis probiert der Patient das Wachsmodell. Der Techniker passt es genau an und setzt Keramikzähne ein.

„Weit aufmachen!"
Fertiges Gebiss

5. Die Wachsform wird durch Kunststoff ersetzt, die Zähne geputzt und der Patient bekommt ein strahlend weißes Lächeln.

Der Rahmen

Der Stahlrahmen ist wie ein Skelett, das das Gebäude stützt. Die Vorhangwände schützen vor der Witterung und verhindern, dass der Bau hin und her schwankt.

4. Mit jedem Stahlträger wächst der Bau in die Höhe und die Kräne werden mit Hebevorrichtung höher gesetzt. Die Stahlteile sind alle nummeriert, damit die Arbeiter wissen, wo sie hingehören.

Der Hebekran wächst mit.
Vorgefertigtes Stahlsegment

Vertuschungstaktik

Handwerker verfeinern jeden Arbeitsschritt: Breite Betonfugen werden mit Gipskartonplatten verdeckt, die Maurer verputzen die Fugen zwischen den Platten und die Maler überdecken kleine Fehler im Putz mit Wandfarbe.

5. Sobald der Rahmen steht, werden die Böden eingezogen. Dazu gießt man Beton über ein Stahlgitter oder eine versteifte Stahldecke.

An manchen Stellen werden ganz bewusst gekrümmte Stahlträger eingebaut, die sich unter Gewicht strecken.
Einziehen der Böden

6. Die Außenarbeiten werden vom Baugerüst aus durchgeführt, das für die oberen Stockwerke vom Stahlrahmen herabhängt.

7. Für die Außenverkleidung werden die Isolierplatten der Vorhangwände von Kränen nach oben gehievt und von Arbeitern exakt eingesetzt.

Vorsicht, da unten!

Hochhäuser kann man nicht endlos in die Höhe bauen. Sie schwanken im Wind und die Leute in den oberen Etagen werden „seekrank".

Ganz oben befindet sich das Warnlicht für Flugzeuge.
Kupferdach
Klimaanlage
Liftanlage
Bürogebäude bringen nur Geld, wenn die Räume vermietet sind. Der Bau muss also schnell fertig werden.
Plastikplanen schützen den Stahl.

10. Der Marmorboden wird erst sehr spät verlegt, denn er könnte sonst von den Stahlkappenschuhen der Arbeiter verkratzt werden.

Vorhangwand
Stahlrahmen

9. Ist der Außenbau fertig, folgen die letzten Innenausbauten: Lifte, Rohrleitungen und Treppen werden eingebaut. Unter dem Dach befinden sich die Aufzugsmotoren und die Klimaanlage.

Die Arbeiter benutzen einen Außenlift, bis die Aufzüge im Inneren eingebaut sind.
Wandplatte
Oben wird noch gebaut und die unteren Etagen können schon vermietet werden.

8. Sobald Rahmen, Böden und Wände an Ort und Stelle sind, werden Elektroinstallationen, Sanitäreinrichtungen, die Klimaanlage und die Feuermelder eingebaut.

Die Tageszeitung

„Neueste Nachrichten!", ruft der Zeitungsverkäufer. Meldungen über Erdbeben oder noch früher in der Zeitung lesen. Augenzeugenberichte und dramatische Fotos in der Zeitung zu bringen ist fast so erstrebenswert wie die Zukunft vorauszusagen. Journalisten und Fotografen reisen dafür durch die ganze Welt, oftmals in gefährliche Gegenden. Ihre Berichte schicken sie in Redaktionsbüros, wo sie am Computer seitenfertig bearbeitet werden. In der Druckerei stellt man von den Seiten einen Negativfilm und davon eine Druckplatte her. Nahezu überall auf der Welt werden Zeitungen auf einer Maschine wie dieser hier gedruckt, in der eine Papierbahn einen durchgehenden Druckvorgang durchläuft. Jetzt lies weiter!

Herstellung der Druckplatte

Pro Seite werden vier einzelne Druckplatten, für jede Farbe eine (unten), hergestellt. Zunächst wird in der Seitenmontage die Seite auf einen Film kopiert und dieser als Negativ entwickelt. Dann kommt der Film auf eine mit einer Emulsion beschichtete Aluminiumplatte. Bei der Belichtung entstehen chemische Reaktionen auf der Platte, d.h. die belichteten Stellen mit der Emulsion sind fertig, sodass die Druckfarbe daran haftet.

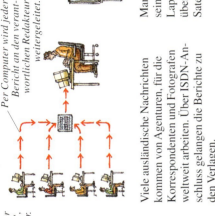

Seitenmontage

Prozessor

Entwickler

Maschinelle Trocknung der Platte

Farbdruck

Das Papier durchläuft vier Farbaggregate in der Druckmaschine, die sich nur durch die Farben unterscheiden. Zuerst werden die blauen Felder (Cyan) der Bilder gedruckt, dann die roten (Magenta), die gelben und die blauen Felder (Cyan) der Bilder gedruckt, dann die roten (Magenta), die gelben und schließlich im letzten Aggregat ganz oben in der Maschine, die schwarzen Bereiche und die Buchstaben. Indem man die Intensität dieser vier Farben verändert, lässt sich das gesamte Farbspektrum des Regenbogens drucken.

Die Druckplatten sind so dünn, dass man sie auf Zylinder spannen kann.

Das dritte Aggregat bedruckt auf beiden Seiten die gelben Bereiche der Bilder mit gelber Farbe.

Gummituchzylinder

Farbwalze

Druckform

Feuchtwerk

Farbwalze

Wasserzufuhr

Farbzufuhr

Farbtrog

Farbpumpe

„Mein Lügendetektor entlarvt jeden", sagt Chester.

Neuigkeiten sammeln

Die Reporter und Fotografen sammeln ihre Berichte im ganzen Land. Nur die großen Zeitungen leisten es sich, Journalisten ins Ausland zu schicken.

Viele ausländische Nachrichten kommen von Agenturen, für die Korrespondenten und Fotografen weltweit arbeiten. Über ISDN-Anschluss gelangen die Berichte zu den Verlagen.

Jeden Tag treffen sich die Chefredakteure mit dem Herausgeber, besprechen die neuesten Berichte und Fotos und entscheiden, welche davon in der nächsten Ausgabe erscheinen sollen.

Rund um die Uhr geschieht etwas. Der Redakteur vom Dienst muss also die ganze Nacht über Änderungen vornehmen – bis in die frühen Morgenstunden der Druck beginnt.

Per Computer wird jeder Bericht an den verantwortlichen Redakteur weitergeleitet.

Über Satellit erreicht der Journalist den Verlag von fast überall her.

Wenn möglich, gibt der Journalist im Redaktionsbüro seinen Bericht in den Computer ein. Im Büro arbeiten Journalisten auch an Kommentaren und Sonderberichten.

Manchmal schreibt ein Journalist seinen Bericht auch direkt in den Laptop und schickt ihn als Datei über ISDN-Anschluss oder über Satellit an den Verlag.

Am Computer erstellen Redakteure, Bildredakteure und Grafiker das Layout der einzelnen Seiten, das dann auf großen Bildschirmen bereits vollständig zu sehen ist.

Der Verkaufspreis einer Zeitung wird durch Werbeanzeigen niedrig gehalten. Angestellte der Werbeabteilung verkaufen den freien Platz für Anzeigen an Kunden.

Die Druckmaschine

In der Druckmaschine läuft die Papierbahn durch die vier Farbaggregate, in denen jeweils eine Druckform auf einem Zylinder angebracht ist und Farbzylinder die Farbe aus dem Farbtrog aufnehmen. Für Wartungs- und Justierungsarbeiten hat der Drucker Zugang zu allen Bereichen.

Zuletzt werden beide Seiten im vierten Aggregat mit schwarzer Farbe bedruckt.

Falzen und Schneiden

Nach dem Druck gelangt das Papier in den obersten Bereich der Maschine und wird von dort über Walzen nach unten in die Falzmaschine gelenkt. Dort schneidet ein Messer den Bogen einmal durch und beide Hälften werden über Trichter in der Mitte gefalzt. Anschließend werden die Bogen erneut geschnitten, über Walzen gefalzt und die gefalteten Zeitungen gelangen über einen Schaufelförderer auf ein Förderband.

Formtrichter

Falzschneide und Sammelwalze

An Greifern werden die Zeitungen auf einem Förderband zum Verpacken transportiert.

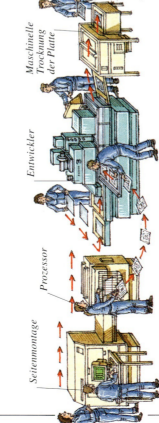

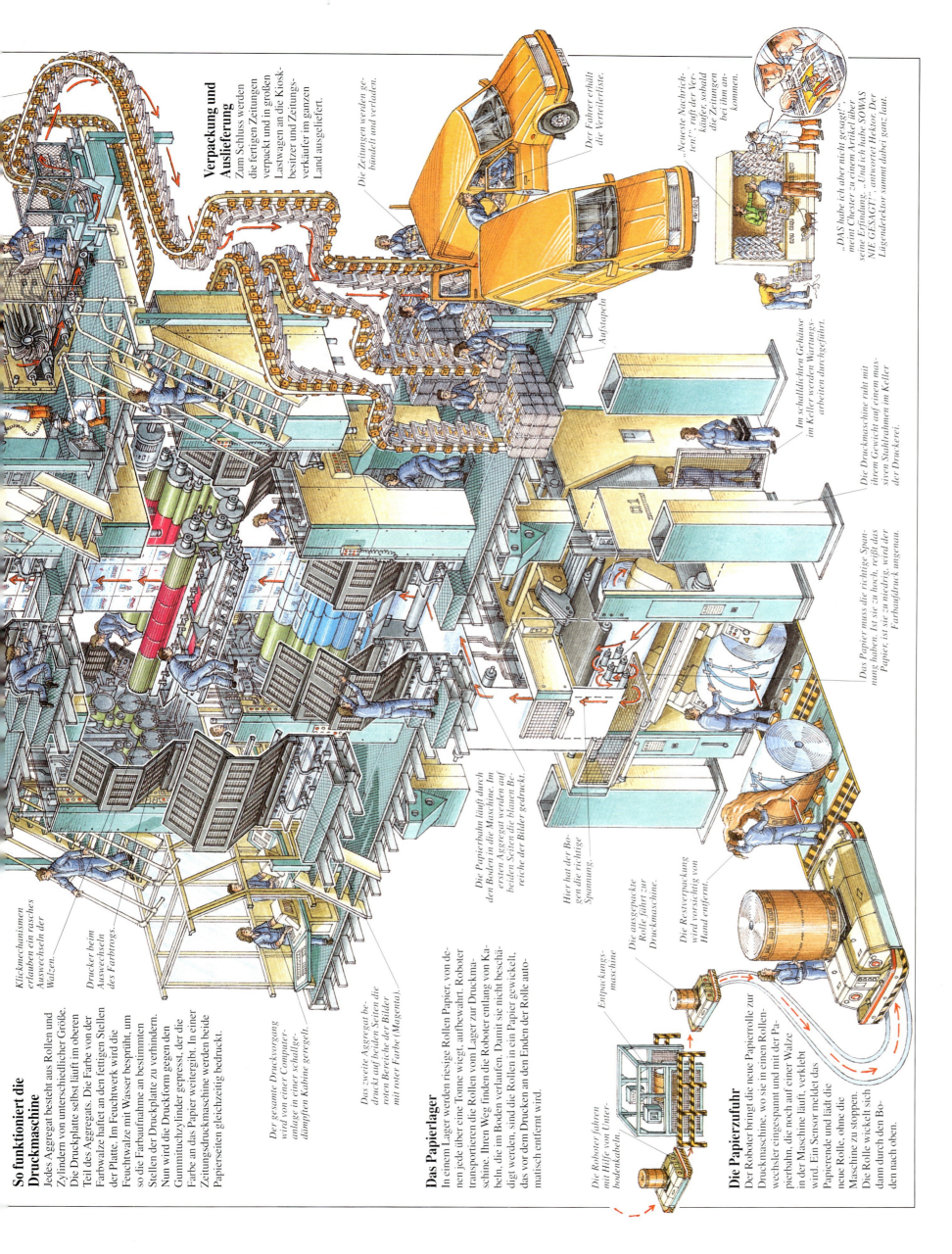

So funktioniert die Druckmaschine

Jedes Aggregat besteht aus Rollen und Zylindern von unterschiedlicher Größe. Die Druckplatte selbst läuft im oberen Teil des Aggregats. Die Farbe von der Farbwalze haftet an den fettigen Stellen der Platte. Im Feuchtwerk wird die Feuchtwalze mit Wasser besprüht, um so die Farbaufnahme an bestimmten Stellen der Druckplatte zu verhindern. Nun wird die Druckform gegen den Gummituchzylinder gepresst, der die Farbe an das Papier weitergibt. In einer Zeitungsdruckmaschine werden beide Papierseiten gleichzeitig bedruckt.

Klickmechanismen erlauben ein rasches Auswechseln der Walzen.

Drucker beim Auswechseln des Farbtrogs.

Der gesamte Druckvorgang wird von einer Computeranlage in einer schallgedämpften Kabine geregelt.

Das zweite Aggregat bedruckt auf beiden Seiten die roten Bereiche der Bilder mit roter Farbe (Magenta).

Das Papierlager

In einem Lager werden riesige Rollen Papier, von denen jede über eine Tonne wiegt, aufbewahrt. Roboter transportieren die Rollen vom Lager zur Druckmaschine. Ihren Weg finden die Roboter entlang von Kabeln, die im Boden verlaufen. Damit sie nicht beschädigt werden, sind die Rollen in ein Papier gewickelt, das vor dem Drucken an den Enden der Rolle automatisch entfernt wird.

Die Roboter fahren mit Hilfe von Unterbodenkabeln.

Die Papierzufuhr

Der Roboter bringt die neue Papierrolle zur Druckmaschine, wo sie in einen Rollenwechsler eingespannt und mit der Papierbahn, die noch auf einer Walze in der Maschine läuft, verklebt wird. Ein Sensor meldet das Papierende und lädt die neue Rolle, ohne die Maschine zu stoppen. Die Rolle wickelt sich dann durch den Boden nach oben.

Entpackungsmaschine

Die ausgepackte Rolle führt zur Druckmaschine.

Die Restverpackung wird vorsichtig von Hand entfernt.

Die Papierbahn läuft durch den Boden in die Maschine. Im ersten Aggregat werden auf beiden Seiten die blauen Bereiche der Bilder gedruckt.

Hier hat der Bogen die richtige Spannung.

Das Papier muss die richtige Spannung haben. Ist sie zu hoch, reißt das Papier, ist sie zu niedrig, wird der Farbauftrag ungenau.

Die Druckmaschine ruht mit ihrem Gewicht auf einem massiven Stahlrahmen im Keller der Druckerei.

Im schalldichten Gehäuse im Keller werden Wartungsarbeiten durchgeführt.

Verpackung und Auslieferung

Zum Schluss werden die fertigen Zeitungen verpackt und in großen Lastwagen an die Kioskbesitzer und Zeitungsverkäufer im ganzen Land ausgeliefert.

Die Zeitungen werden gebündelt und verladen.

Der Fahrer erhält die Verteilerliste.

Aufstapeln

„Neueste Nachrichten!", ruft der Verkäufer, sobald die Zeitungen bei ihm ankommen.

„DAS habe ich aber nicht gesagt!", meint Chester zu einem Artikel über seine Erfindung. „...Und ich habe SOWAS NIE GESAGT", antwortet Hektor. Der Lügendetektor summt dabei ganz laut.

Der Fotokopierer

Der erste 1949 gebaute Kopierer war langsam und benötigte für eine Kopie 14 Handgriffe. Obwohl die Fotokopierer heute viel schneller sind, arbeiten sie immer noch nach demselben Prinzip.

Das Herz des Kopierers ist eine rotierende, statisch aufgeladene Trommel, die Tonerstaub anzieht.

Glasplatte

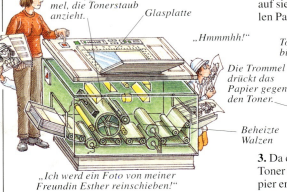

„Hmmmmh!"

Die Trommel drückt das Papier gegen den Toner.

Beheizte Walzen

„Ich werd ein Foto von meiner Freundin Esther reinschieben!"

Statische Ladung

1. Die Trommeloberfläche wird statisch aufgeladen. Beim Kopieren wird auf sie ein Bild projiziert und die hellen Partien verlieren ihre Ladung.

Projektion auf die Trommel

Papiereinzug

Toner wird auf der Trommel geführt

2. Dunkle Partien bleiben geladen und ziehen den Tonerstaub an. Die rotierende Trommel drückt den Toner auf das Papier.

Rotierende Trommel

„Bewegt euch!"

„Schneller!"

„Ahh, wer ist das?"

„Hilfe, meine Krawatte!"

Tonerbild

Trommel

Eine Lampe löscht das Bild auf der Trommel.

Papierausgabe

Papierzuführung

3. Da das Papier eine gegensätzliche Ladung wie der Toner hat, zieht es den Tonerstaub an, und auf dem Papier erscheint ein Abbild des Originals.

Überschüssiger Toner wird von der Trommel gebürstet.

Beheizte Walzen fixieren den Toner.

Ausgabewalze

4. Zwischen zwei beheizten Walzen wird das Bild endgültig auf dem Papier fixiert (eingebrannt).

5. Moderne Kopierer sind schnell und zuverlässig: Ein Knopfdruck und die Kopie ist perfekt!

Die Mumie

Die alten Ägypter konservierten ihre Verstorbenen, damit deren „Geist" nach dem Tod in sie zurückkehren konnte. Bei dieser sog. Mumifizierung wurden die Innereien entfernt und der Körper mit Chemikalien behandelt. Weil das sehr aufwendig und teuer war, konnten sich nur reiche Leute mumifizieren lassen.

Auch Tiere wurden mumifiziert.

1. Zuerst schabten die Einbalsamierer mit Spezialwerkzeugen das Gehirn durch die Nase aus dem Kopf.

2. Dann entfernten sie die inneren Organe wie Herz, Lunge und Leber und wuschen den Körper mit gewürztem Palmwein.

Beutel mit Soda

Der Leichnam wird gewaschen.

Der Körper wird ausgestopft und die Haut behandelt.

3. Um den Körper zu trocknen und zu konservieren, wurde er in Soda (Natriumkarbonat) eingepackt.

4. Nach sechs Wochen wusch man den Körper, füllte ihn mit Leinen, Sägemehl und Schlamm und rieb ihn mit Öl und Wachs ein.

Je angesehener der Tote war, desto mehr Trauernde beklagten ihn.

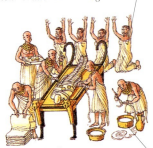

Menschen-, Falken-, Hunde- und Schakalköpfe zierten die Kanopendeckel.

In Öl getränktes Leinen

5. Dann wurden 20 Lagen aus sorgfältig in Öl getränkten Leinenstreifen um den Leichnam gewickelt.

6. Zuletzt legte man eine Maske mit dem Antlitz des Toten auf das Gesicht. Die Organe kamen in besondere Urnen (Kanopen).

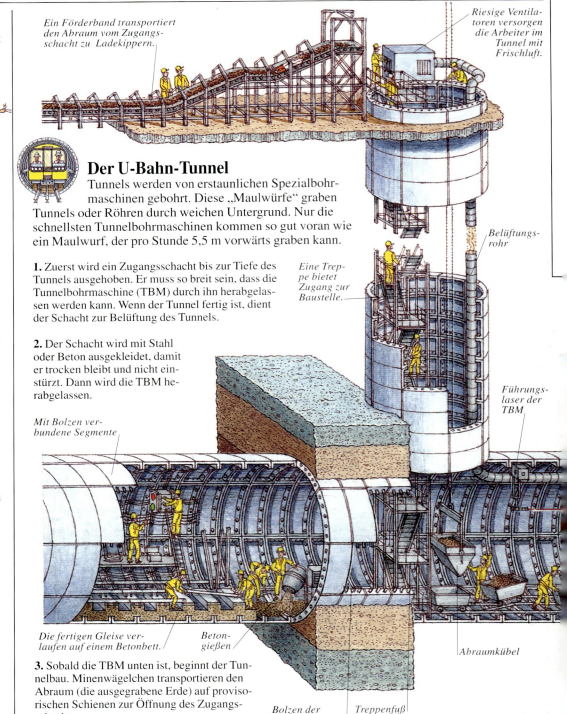

Ein Förderband transportiert den Abraum vom Zugangsschacht zu Ladekippern.

Riesige Ventilatoren versorgen die Arbeiter im Tunnel mit Frischluft.

Der U-Bahn-Tunnel

Tunnels werden von erstaunlichen Spezialbohrmaschinen gebohrt. Diese „Maulwürfe" graben Tunnels oder Röhren durch weichen Untergrund. Nur die schnellsten Tunnelbohrmaschinen kommen so gut voran wie ein Maulwurf, der pro Stunde 5,5 m vorwärts graben kann.

1. Zuerst wird ein Zugangsschacht bis zur Tiefe des Tunnels ausgehoben. Er muss so breit sein, dass die Tunnelbohrmaschine (TBM) durch ihn herabgelassen werden kann. Wenn der Tunnel fertig ist, dient der Schacht zur Belüftung des Tunnels.

2. Der Schacht wird mit Stahl oder Beton ausgekleidet, damit er trocken bleibt und nicht einstürzt. Dann wird die TBM herabgelassen.

Belüftungsrohr

Eine Treppe bietet Zugang zur Baustelle.

Mit Bolzen verbundene Segmente

Führungslaser der TBM

Die fertigen Gleise verlaufen auf einem Betonbett.

Betongießen

Bolzen der Tunnelsegmente

Treppenfuß

Abraumkübel

3. Sobald die TBM unten ist, beginnt der Tunnelbau. Minenwägelchen transportieren den Abraum (die ausgegrabene Erde) auf provisorischen Schienen zur Öffnung des Zugangsschachts.

4. Am Schacht wird der Abraum von Arbeitern in Kübel verladen und mit einem Kran nach oben gehievt. Manchmal wird er auch mit Förderbändern abtransportiert.

5. Die TBM ist lasergesteuert. Trifft der Laserstrahl den Zielpunkt, weiß man, dass der Tunnel gerade verläuft.

6. Die Schrapper auf dem rotierenden Bohrkopf der TBM graben den Tunnel. Die Erde fällt durch die „Speichen" des Bohrkopfs auf ein Förderband.

Das Dinosaurierskelett

Wissenschaftler, die fossile Dinosaurierknochen ausgraben, brauchen die Muskeln eines Bauarbeiters und den Verstand eines Detektivs.

Knochen können im Fels stecken, deshalb sind Bohrer sehr nützlich.

Im Gegensatz zu früher montiert heute kein Paläontologe mehr den Kopf eines Raubsauriers auf das Skelett eines Pflanzenfressers.

1. Die Lage der Knochen wird aufgeschrieben, dann werden sie eingegipst.

2. Im Labor wird der Gips mit dem übrigen Gestein entfernt.

3. Paläontologen untersuchen Knochen und Zähne, um zu erfahren, wie das Tier gelebt hat.

Flüssiges Kunstharz

4. Künstler zeichnen Details, die auf Fotos von den Knochen nicht zu sehen sind.

Kunstharz-giessen

5. Man fertigt Gussformen an und füllt sie mit Kunstharz.

6. So erhält man identische, aber leichtere Ebenbilder der Knochen.

7. Zuletzt werden die einzelnen Abgüsse der Knochen zusammengesetzt. Das fertige Skelett wird durch ein Gerüst aus Stahl abgestützt und vermittelt einen guten Eindruck von der Größe des Dinosauriers.

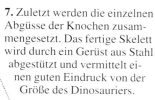

Zum Teil hängt das Skelett an dünnen Drähten.

Ein Gerüst stützt die Knochen.

Zusammenschweißen des Gerüsts

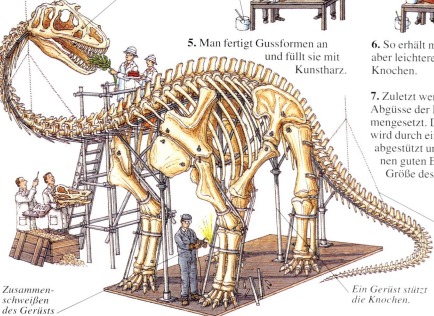

Erdgas

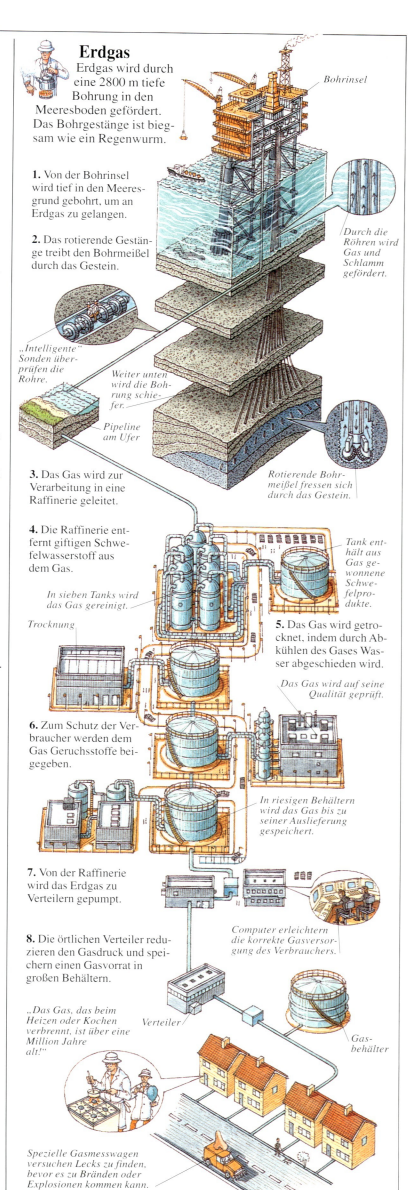

Erdgas wird durch eine 2800 m tiefe Bohrung in den Meeresboden gefördert. Das Bohrgestänge ist biegsam wie ein Regenwurm.

Bohrinsel

1. Von der Bohrinsel wird tief in den Meeresgrund gebohrt, um an Erdgas zu gelangen.

2. Das rotierende Gestänge treibt den Bohrmeißel durch das Gestein.

Durch die Röhren wird Gas und Schlamm gefördert.

"Intelligente" Sonden überprüfen die Rohre.

Weiter unten wird die Bohrung schiefer.

Pipeline am Ufer

Rotierende Bohrmeißel fressen sich durch das Gestein.

3. Das Gas wird zur Verarbeitung in eine Raffinerie geleitet.

4. Die Raffinerie entfernt giftigen Schwefelwasserstoff aus dem Gas.

In sieben Tanks wird das Gas gereinigt.

Trocknung

Tank enthält aus Gas gewonnene Schwefelprodukte.

5. Das Gas wird getrocknet, indem durch Abkühlen des Gases Wasser abgeschieden wird.

Das Gas wird auf seine Qualität geprüft.

6. Zum Schutz der Verbraucher werden dem Gas Geruchsstoffe beigegeben.

In riesigen Behältern wird das Gas bis zu seiner Auslieferung gespeichert.

7. Von der Raffinerie wird das Erdgas zu Verteilern gepumpt.

8. Die örtlichen Verteiler reduzieren den Gasdruck und speichern einen Gasvorrat in großen Behältern.

Computer erleichtern die korrekte Gasversorgung des Verbrauchers.

"Das Gas, das beim Heizen oder Kochen verbrennt, ist über eine Million Jahre alt!"

Verteiler

Gasbehälter

Spezielle Gasmesswagen versuchen Lecks zu finden, bevor es zu Bränden oder Explosionen kommen kann.

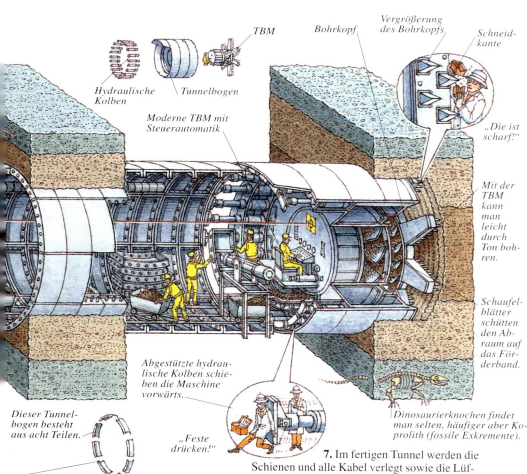

TBM

Bohrkopf

Vergrößerung des Bohrkopfs

Schneidkante

Hydraulische Kolben

Tunnelbogen

Moderne TBM mit Steuerautomatik

"Die ist scharf!"

Mit der TBM kann man leicht durch Ton bohren.

Schaufelblätter schütten den Abraum auf das Förderband.

Dieser Tunnelbogen besteht aus acht Teilen.

Die Tunnelbögen sind verbolzt. Der Zusammenbau jedes Bogens dauert 15–30 Minuten.

Abgestützte hydraulische Kolben schieben die Maschine vorwärts.

"Feste drücken!"

Dinosaurierknochen findet man selten, häufiger aber Koprolith (fossile Exkremente).

7. Im fertigen Tunnel werden die Schienen und alle Kabel verlegt sowie die Lüftung eingebaut. Zwei unabhängige Stromversorgungssysteme gewährleisten, dass ein Stromausfall die Züge und Bahnhöfe nicht lahm legt.

Register

Danksagung:

Verlag und Redaktion bedanken sich bei den nachfolgend aufgeführten Personen und Institutionen:

Joanne Earl, Ann Cannings, Francesca Baines, Shirin Patel, Miranda Smith, Angela Koo, Nancy Jones, Nigel Ritchie, Brian Sims (News International Newspapers Ltd.), Man Roland Druckmaschinen, London Brick Company, Peter Middleton Associates, Kay Grinter (Kennedy Space Center), Neil Marshall (Humber Bridge Board), Dunkin' Donuts, National Dairy Council, Dara McDonough (Disctronics Europe Ltd.), De Beers, Jack Ogden (National Association of Goldsmiths), Kevin Crowley (Rexam Foil and Paper Ltd), Gordon Grieve (Wig Creations), Alistair Watkins (Federation Internationale de l'Automobile), Hugh Robertson (London Transport Museum)